Arnaud Friedmann

L'invention d'un père

la manufacture de livres

Si vous souhaitez recevoir notre catalogue
et être tenu informé de nos publications,
envoyez vos coordonnées, en citant ce livre à :

La Manufacture de livres, 101 rue de Sèvres, 75006 Paris
ou
contact@lamanufacturedelivres.com

www.lamanufacturedelivres.com

ISBN 978-2-38553-068-6

Il se penche sur le berceau de Béatrice. Il la regarde. Il a l'impression d'avoir passé sa vie à la regarder ainsi, à s'être tenu penché au-dessus d'elle. Il s'attarde au haut de la nuque, aux cheveux rendus poisseux par la chaleur de l'été. La lumière des réverbères s'infiltre entre les interstices des volets, baigne le front de l'enfant. Le tissu du vêtement se soulève imperceptiblement : en se concentrant sur la respiration de Béatrice il peut percevoir son souffle, à intervalles réguliers.

Dans un mois il sera mort.

JUILLET

En sept mois rien n'a changé. Ni l'immeuble en face de lui, ni le tracé des parkings le long du trottoir. Malgré l'obscurité, les douleurs dans tout le corps, il effectue son créneau sans devoir s'y reprendre, comme s'il n'avait jamais cessé de garer sa voiture à cet endroit. Il demeure longtemps dans l'habitacle, pupilles focalisées sur les fenêtres du cinquième pour être certain de ne déceler aucun mouvement derrière les vitres. Enfin il sort, prenant garde à faire le moins de bruit possible. Il rabat sur son crâne la capuche du sweat dans lequel son corps flotte, monte les marches des escaliers extérieurs sans cesser de fixer les fenêtres. La plus grosse clef ouvre la porte du hall. Il ne se préoccupe pas des boîtes aux lettres fixées au mur, n'attache aucune importance au fait de savoir si Nathalie a supprimé son nom, ou ajouté celui de Béatrice. Sa seule appréhension concerne la serrure de l'appartement. Il appuie sur le bouton de l'ascenseur, se surprend à ressentir une telle familiarité pour l'intérieur de la cabine, l'odeur de poussière qu'elle dégage. Il appuie sur la touche 5, comme il l'a fait pendant trois ans. Il baisse les paupières pour ne pas surprendre son reflet dans le miroir.

Maintenant il avance dans le couloir. Que se passerait-il si un voisin sortait ? Si Nathalie se matérialisait devant lui ? L'angoisse le fait vaciller, il reprend son équilibre en s'appuyant au mur. Il aurait dû prendre l'opinel dans la boîte à gants, ça l'aurait rassuré. Il ne faudra pas qu'il l'oublie lorsqu'il reviendra. La seconde clef, la plus petite, tremble entre ses doigts. *Allez*, s'encourage-t-il, *tu l'as fait si souvent*. Il attend que la lumière du couloir s'éteigne, de longues secondes alors que celles qui lui restent sont comptées. Enfin le noir survient. Économisant ses gestes pour déjouer la vigilance du détecteur de mouvement, il enfonce la clef dans la serrure. Elle n'a pas été changée depuis son départ.

Est-ce qu'elle l'entend ? Est-ce qu'elle l'attend, debout et droite et livide derrière la porte, ivre de sa colère légitime ? Est-ce qu'elle aussi a pensé à un couteau pour défendre sa fille ? Bien sûr. Nathalie pense à tout. Nathalie anticipe tout. Avait-elle deviné qu'il disparaîtrait, le 22 décembre dernier ? Il se revoit au même endroit, retenant la poignée avec toute la lenteur dont il était capable, s'empêchant de courir dans le couloir, rongeant son frein dans l'ascenseur trop lent et trop bruyant.

À rebours de ce souvenir il pousse la porte vers l'intérieur de l'appartement. Nathalie n'est pas là. Nathalie ne se tient pas debout face à lui. Nathalie dort dans le lit qui fut le leur sans se douter qu'il est revenu. Qu'ils forment enfin une famille, le père la mère et Béatrice, dans l'appartement qui aurait dû être le leur. Il connaît la position du corps de Nathalie figé par le sommeil, l'angle formé par son avant-bas, le poing qu'elle ramène contre le cou aux premières heures de son endormissement.

Il fixe la porte derrière laquelle dort Béatrice. Elle, il n'a aucune idée de la manière dont elle dort. Son cœur se met à battre si fort qu'il lui semble que les voisins pourraient l'entendre. Ou Nathalie. Il recule, quelques pas en direction du couloir, pose la paume sur la commode de l'entrée. Un temps, à nouveau trop long, puis enfin il se calme.

Voilà. Il suffira dans une semaine de reproduire les mêmes gestes ; d'en ajouter quelques-uns. Il les fait advenir mentalement, avec une précision telle qu'il pourrait croire qu'il les vit. Il sent même dans sa main la présence de l'opinel.

Pour cette fois, c'en est assez.

AOÛT

PREMIER JOUR

Il n'ose pas se retourner pour regarder le couffin sur la banquette arrière. Est-il normal que Béatrice n'ait pas crié depuis qu'il l'a prise dans ses bras ? Elle est passée de son lit aux mains de son père sans se réveiller. Il tremblait de tous ses membres à l'idée qu'elle se mette à hurler, qu'elle donne l'alarme. Le sommeil de sa fille était-il une forme d'acquiescement ? De validation ?

Ils rencontrent peu de voitures. Il manque deux heures avant l'arrivée, et le soleil est déjà levé. Ils auraient dû devancer l'aube pour se laisser une chance de ne pas être retrouvés. Comment a-t-il aussi mal évalué le temps nécessaire pour atteindre le bois ? Il a pourtant répété le trajet la semaine précédente dans des conditions identiques. Est-ce son corps qui le trahit, qui a perdu en vigueur après sept jours sans soins, incapable de tenir le rythme ? La crainte qu'un virage mal négocié ne renverse le couffin ? Il n'a jamais conduit avec un enfant dans sa voiture, jamais été responsable d'une autre existence que la sienne. Il pourrait s'attendrir, ça serait contre-productif.

Avancer. S'enfoncer dans la forêt et atteindre la cabane avant que le soleil ne soit trop haut dans le ciel. Trouver la force de camoufler la voiture sous des branches. Voilà ce qu'il doit accomplir ; ce vers quoi il doit mobiliser la totalité de son énergie, les forces qu'il lui reste.

Il l'a fait. Ils sont arrivés, n'ont croisé aucun véhicule. La cabane se dresse devant le pare-brise, imprécise dans la première lumière du jour et la végétation qui l'envahit. Il aimerait s'accorder un répit pour profiter de l'instant, reprendre son souffle, faire le point sur les douleurs qui l'assaillent : le temps manque.

Il dit : *c'est là,* même si Béatrice dort encore. Les premiers mots qu'il prononce pour sa fille. Son doigt tremble en désignant les planches mal jointes, la porte et le toit en tôle dévorés par la rouille. Ses derniers souvenirs de la cabane remontent à sept jours, il ne l'avait pas mémorisée si délabrée. Il enfonce la voiture entre deux troncs. Des branches crissent contre la carrosserie, Béatrice ne se réveille toujours pas. Il sort, camoufle toit et capot sous les brassées de feuilles qu'il a entreposées la semaine précédente à l'arrière de la cabane. Pour le coffre et la portière arrière il attend d'avoir déplacé le couffin, transporté à l'intérieur les sacs en plastique qui constituent tous leurs bagages.

Il fait franchir le seuil à Béatrice endormie dans ses bras. Ça ressemble aux cérémonies d'antan où l'homme portait sa promise pour matérialiser l'arrivée dans un nouveau foyer.

Il n'y a personne à l'intérieur. Il aurait pu y avoir quelqu'un. Quelqu'un qui aurait profité de ce qu'il a entreposé lors de son dernier passage : la table, une chaise, trois coussins pour faire office de lit – il n'a pas eu la force de charger un matelas dans la voiture ; des pots de lait en poudre et des réserves d'eau. Il aurait pu y avoir quelqu'un. D'y penser son ventre se contracte. D'y penser seulement maintenant. De ne pas l'avoir anticipé. Mais il n'y a personne. La cabane est à eux.

C'est là qu'ils finiront.

Il regarde Béatrice. Il regarde sa fille. Celle qu'il n'a pas vu naître parce qu'il a abandonné sa mère quinze jours avant l'accouchement. Celle dont il a appris l'existence et le prénom par SMS : *Béatrice, 3 janvier, 5h45.* Le dernier message de Nathalie.

Il regarde sa fille, il n'éprouve rien. Tout à coup elle ouvre les yeux : il se sent jugé. Coupable. Est-ce qu'elle déplore l'état de la cabane, les planches maculées de coulures de rouille, le sol en terre battue ? Est-ce qu'elle cherche sa mère ? Elle pleure. Il voudrait s'enfuir, effectuer à rebours tout ce qu'il a accompli depuis minuit. Depuis décembre. Depuis plus loin encore. Cette option ne lui est plus permise.

Béatrice pleure. Elle a dormi longuement. Elle doit avoir faim. Il ouvre une bouteille d'eau et une boîte de lait en poudre. Il a tout oublié des quantités nécessaires. Heureusement il les a recopiées sur un post-it, qu'il déniche au fond du sac. Il prépare le biberon de sa fille, leur premier. Sa vue se brouille, les chiffres qui indiquent la contenance deviennent flous. Il compte les doses, s'aide de la notice pour ne pas se tromper. Il fait rouler l'objet entre ses paumes comme il l'a vu faire sur une vidéo de démonstration. Il ne s'est pas entraîné avant de venir ici, ça lui aurait paru grotesque, ses gestes dans le vide. Sans Béatrice à côté de lui.

Il lève le biberon pour vérifier que la poudre s'est convenablement diluée, puis le tend vers la bouche de sa fille. Il ne la regarde pas. Son esprit se recroqueville sur l'absurdité de ce constat : il a trente-trois ans, dans quelques jours il sera mort. Les doigts contractés sur le cylindre de plastique il ne parvient pas à comprendre ce qui fait que l'objet existe, qu'il sera amené à perdurer quand lui aura disparu.

Béatrice se contorsionne pour approcher sa bouche de l'embout. Elle tète avec une avidité qui le paralyse, lui que toute nourriture répugne depuis le début du traitement. Du lait coule le long de son menton, elle se frotte avec la main, étale la matière sur le bas du visage. Il est incapable d'intervenir, de la nettoyer, de poursuivre le repas. Il se débarrasse d'elle dans le couffin, se réfugie à l'extérieur. La quiétude de la clairière ne lui est d'aucune consolation, un temps infini s'écoule avant que sa respiration se stabilise. De la cabane lui parviennent les pépiements de Béatrice, satisfaite d'avoir été repue.

Béatrice baille. Elle cligne des yeux comme si elle subissait enfin le contrecoup des tribulations que lui impose ce père surgi de nulle part. Soudain son visage se contracte, la peau de ses joues rougit vivement. Il éprouve un effroi, comme si par sa faute elle subissait une agression dont il serait incapable de comprendre les raisons, plus incapable encore d'y apporter un soulagement.

L'odeur lui provoque un haut-le-cœur, au point qu'il se retient de vomir. La trachée se contracte, il résiste. Depuis le début de son traitement il est habitué à ces brusques dégoûts : jamais pourtant ils n'ont atteint une telle intensité. Se pourrait-il que le corps de Béatrice imite celui de son père, entame sa propre décomposition après moins d'une journée en sa compagnie ?

Il comprend. Il s'en veut des pensées morbides qui l'éloignent de sa courte mission de père. Il allonge Béatrice sur un des coussins, à même le sol, défait les scratchs de la couche. Il se concentre pour ne pas penser aux mains de Nathalie qui ont accompli le geste inverse la veille. Il n'y parvient qu'imparfaitement. La consistance et l'odeur des selles de sa fille le révulsent, il rêve de s'enfuir, de renoncer, de la laisser là.

Il n'est plus l'homme qu'il était en décembre. La maladie lui dénie l'option d'une nouvelle disparition. Il fait couler de l'eau entre les jambes de Béatrice. Il n'a pas pensé à emporter un linge, il utilise son tee-shirt pour tamponner le sexe de sa fille, ses fesses, les plis en haut des cuisses. Il s'y reprend à plusieurs fois pour nouer une couche propre autour de sa taille.

Une fois au sec et allongée dans son couffin, Béatrice sourit. Elle s'endort très vite, serrant entre ses doigts l'index de son père. Il se laisse glisser auprès d'elle à même le sol, épuisé et coupable, indifférent à l'arête d'un caillou qui lui cisaille le dos. Le sommeil lui vient comme une apnée.

L'endormissement a été de courte durée. Quand il ouvre les yeux, la cabane lui apparaît dans toute sa désolation, aussi inadaptée pour un bébé que pour un agonisant. L'odeur de la couche sale se mêle à celle de la poussière sèche. Le soleil cogne contre le toit en tôle, sature l'air d'une fragrance de métal qui lui colle aux lèvres. Il ne comprend pas ce qu'il est venu faire là. Il aurait dû emmener Béatrice en Italie. Construire avec elle sur les rives de l'Adriatique des souvenirs identiques aux siens, les seuls qu'il lui importait de léguer. En doublant les doses de morphine peut-être qu'il aurait eu la force d'effectuer le trajet. L'aller, au moins.

Il courbe la tête. Il voit ses bras. Ses jambes. Qui ne sont ni des bras ni des jambes qu'on peut promener sur des plages, en Italie. Dont on voudrait que sa fille se souvienne.

Il y aurait eu les douanes, aussi.

En entrant, il a posé le couffin contre le mur opposé à la porte. Il n'a pas réfléchi aux raisons qui l'ont conduit à le placer à cet endroit. Il ne remet pas son choix en question. Il soulève Béatrice endormie, l'y dépose avec des gestes qui sans qu'il l'ait voulu sont emplis d'une douceur dont il ne se savait pas capable.

Il profite du sommeil de sa fille pour aménager l'espace. Il dispose les trois coussins qui lui serviront de lit entre la porte et le couffin. Si on les trouve, il faudra lui passer sur le corps pour atteindre Béatrice.

Il entasse les sacs plastique dans un angle de la cabane, pousse la table contre un mur, répartit les chaises de manière à créer un équilibre dans l'espace restant. Il recule jusqu'à la porte, contemple l'ensemble. Un épuisement soudain lui fauche les jambes. Il a tout juste la force d'avancer jusqu'aux coussins pour pas s'écrouler au sol.

Est-il normal qu'elle ne se réveille pas après avoir dormi durant tout le trajet ? Il pose sa main sur le torse de sa fille, ne perçoit rien à part les tremblements de son propre corps. Béatrice grogne, se retourne. Son visage se crispe. Un temps long, puis ses traits se détendent, comme à regret.

Il n'aurait pas dû l'emmener.

Devant lui le dos du grand-père, parmi la masse immobile des arbres. La Citroën garée quelques kilomètres en amont.

Il aurait préféré continuer à rouler : la vue des troncs défilant à l'abri de l'habitacle lui procurait une sensation d'apaisement qu'il aurait aimée voir durer toujours. Qui lui rappelait un bien-être antérieur. Il n'a pas l'habitude de s'opposer aux décisions des adultes, alors il est resté silencieux quand la voiture s'est immobilisée et que le grand-père a dit : *ça nous fera une balade un peu longue*, avant de lui ébouriffer les cheveux dans un geste inhabituel.

Ils marchent l'un derrière l'autre sous le dôme sombre des feuilles. Le vieux force le silence pour désigner un arbre et en nommer l'essence, caractériser le chant d'un oiseau. Il ne produit aucun effort pour mémoriser les mots énoncés par l'aïeul ; les entendre sonner dans la forêt lui suffit. La sensation approchée plus tôt réapparaît. Il voudrait la verbaliser à son tour, ouvre la bouche et tend la main vers le dos du grand-père, ne trouve rien à dire. La main retombe le long du corps, balance au rythme de leurs pas.

Soudain le grand-père se fige. Les contours de sa silhouette paraissent s'embraser. *Regarde !* C'est une clairière. Étroite. Rien n'en laissait présager l'apparition, les arbres semblaient voués à se succéder inexorablement, l'obscurité du sous-bois à perdurer sans fin. Peut-être qu'ils auraient pu continuer à avancer entre les troncs sans jamais s'arrêter. Ils auraient oublié la Citroën. Son cœur aurait continué à se dilater, les souvenirs d'un temps disparu se seraient affinés au gré des paroles de l'aïeul dispersées sous les houppiers.

Il y a cette clairière, et l'immobilité du vieux. *C'est beau.* Ce n'est pas une question. Un constat. Il acquiesce. *Tu vois la cabane ?* Il la voit, même en partie masquée par le dos du grand-père.

Adulte à présent, adossé à la même cabane. Sorti d'un endormissement poisseux qui tenait plus de l'évanouissement. À brève échéance : mort.

À l'intérieur, sa fille. Il s'était promis, lorsqu'il en aurait, d'emmener ses enfants à la cabane. Il avait espéré pour eux les mêmes révélations que celles qui lui étaient venues derrière le dos du grand-père. Il n'en a jamais parlé à personne, pas même à Nathalie.

Si. À une personne. Il refuse d'y songer maintenant.

Il y est. À la cabane. Fidèle aux promesses de l'enfance, même si la situation n'a rien de comparable à ce qu'il avait imaginé. L'irrégularité des planches lui meurtrit le dos. L'avancée du toit ne lui apporte aucune ombre, le soleil dressé à la verticale en face de lui malmène ses pupilles. Il ferme les paupières. De la clairière montent des odeurs d'herbes et de fleurs qui brusquement le révulsent.

Des bruits inconnus lui parviennent aux oreilles. Sa main par réflexe plonge vers la poche où se trouve encore l'opinel. Il sent battre le sang à la naissance du cou. Les sons n'ont rien de cohérent avec ceux qu'il s'attendait à entendre dans une forêt. Il se demande si ses sens ont commencé à se dérégler, comme l'a pronostiqué le médecin.

Puis il comprend. C'est Béatrice qui babille. Malgré l'enlèvement, l'incongruité du lieu, la présence de l'inconnu dont elle ne peut pas savoir qu'il est son père, elle produit une sorte de chant. D'ode à leurs retrouvailles, pourquoi pas ?

Il s'en veut des démences qui lui traversent le crâne, de la violence avec laquelle ces borborygmes d'enfant le confrontent à ses actes. Il se reprend. Pénètre dans la cabane. Béatrice lève les yeux vers lui : sur son visage un sourire se dessine. Il voudrait disparaître : au contraire il s'agenouille. Sa main se porte vers le front de sa fille, y dépose une caresse.

Le grand-père n'explique pas à quoi peut servir la cabane, ni qui en a l'usage. Il grommelle, comme pour lui-même : *Il ne doit pas venir grand-monde par ici.*

Ils s'approchent. L'aïeul pousse la porte du pied – un simple panneau de tôle fixé à une poutre par des joints que la rouille a dévorés – avant de tousser. *Pas grand monde*, répète-t-il.

Le dos de l'aïeul fait obstacle. Il n'ose pas regarder à l'intérieur, préfère se forger l'image d'un univers préservé des hommes, où il serait bon de trouver refuge.

Tandis qu'ils s'éloignent, il mobilise toute la concentration de son jeune âge pour fixer les lieux dans sa mémoire, le trajet du retour. Il se promet qu'un jour il retrouvera l'endroit. Qu'aucun dos ne l'empêchera d'en franchir le seuil.

Il recompte les cachets de morphine : assez pour tenir plus de jours que les pronostics des médecins lui en ont promis. À défaut de fleurs il dispose les plaquettes de médicaments au centre de la table. Il voudrait que Béatrice se réveille, qu'elle tende les bras vers lui. Le sommeil de sa fille le contrarie, comme sa propre respiration de cadavre en sursis au-dessus du couffin. Il ne sait pas ce qu'il attend d'elle. D'eux. De ce temps qu'il a dérobé à l'hôpital et à Nathalie. Il se demande ce qu'éprouvent les pères, ceux qui ne se sont pas enfuis avant l'accouchement, ceux qui ne vont pas crever avant la première année de leur enfant, devant le corps d'un bébé.

Il sort, s'adosse à la cabane. Soudain dans la clairière claque un éclair, un jaillissement de lumière que rien ne justifie. *Vous pourrez aussi être sujet à des hallucinations visuelles.* Il se bouche les oreilles pour échapper aux prédictions du médecin. Pas ici, pas avec la distance qu'il a mise entre l'hôpital et lui.

La déflagration, à nouveau. Elle provient du bois, derrière la cabane. Une branche a glissé du toit de la voiture, sur lequel les rayons du soleil se répercutent, giclent jusqu'à lui. Il s'applique à colmater le camouflage. Il n'a rien d'autre à faire : alors, avec la lenteur d'un vieillard, pour prendre la maladie à revers, il s'agenouille pour parfaire la dissimulation du véhicule. Effacer jusqu'aux roues. La concentration qu'il mobilise pour cette tâche l'absorbe au point qu'il oublie les douleurs, les relents amers de la végétation, la présence de Béatrice dans la cabane.

Quand il l'entend pleurer, il éprouve une forme d'agacement : il aurait aimé terminer avant qu'elle ne se réveille.

Après le biberon du déjeuner Béatrice effectue un tour de la cabane à quatre pattes. Il ne lui interdit pas de s'approcher des murs, ne la met pas en garde contre les aspérités des planches au contact desquelles elle pourrait se griffer. Il se contente de la suivre, d'interposer sa main quand elle s'approche d'une écharde, ou de la pointe d'un clou. Elle croit à un jeu, éclate d'un rire un peu rauque qui le bouleverse. Il ne s'y attendait pas.

Elle tente d'échapper à sa vigilance sans se douter qu'il n'est pas doué de la même résistance que les adultes qu'elle a connus avant lui. Au bout de quelques minutes, il n'est plus capable de la protéger des dangers de la cabane. Il renonce à la poursuivre, se contente d'observer les mouvements chaotiques de ses membres quand elle rampe.

Il ne connaîtra que ça d'elle : jamais ses premiers pas, sa démarche d'adolescente, sa silhouette de femme.

Quand elle remarque qu'il ne la poursuit plus, Béatrice s'immobilise. Elle s'amuse seule avec ses mains, ses pieds. Sa peau en contact direct avec les saillies des murs et les souillures du sol. Il déglutit : pourtant elle paraît ne souffrir de rien, pas plus de l'étrangeté de l'endroit que de l'absence de sa mère. Elle émet des suites de sons qui la distraient. Au bout d'un temps infini elle se met à dodeliner de la tête et à bailler. Il la prend dans ses bras, la dépose dans le couffin.

Il n'a pas le courage de terminer le camouflage de la voiture. Son obstination du matin lui paraît à présent dérisoire. Il consacre son énergie à se remettre du rire rauque de Béatrice, de la manière qu'elle a eue de s'approprier l'espace et le destin qu'il lui offre comme si elle ne lui en tenait pas rigueur.

Il reste assis à l'intérieur. Béatrice dort. Il s'ennuie. Dans quelques jours il sera mort, et pourtant il s'ennuie.

Il ne sait pas pourquoi ça lui vient. Peut-être d'avoir pensé qu'il ne connaîtrait jamais la démarche de Béatrice. Il décide de lui écrire une lettre.

Il voudrait maintenant qu'elle ne se réveille pas, qu'elle dorme assez longtemps pour lui laisser le temps d'en commencer la rédaction.

Il n'a aucune idée de ce qu'il va lui confier. Pourtant il se sent revigoré. Empli d'attente et d'impatience. Depuis combien de temps ça ne lui était pas arrivé ?

Fulgurant. Ce mot, *fulgurant*, qu'il associe à la force, à la vigueur, dans la bouche de l'homme assis en face de lui. Ce mot qu'il ne pensait pas destiné à caractériser la vitesse d'autodestruction de ses cellules. *Vous voulez vraiment savoir ?* Le soleil d'avril ricoche contre un objet métallique posé sur le bureau, qu'il ne parvient pas à identifier L'homme veut entendre son acquiescement. Alors il prononce ce qu'on attend de lui, comme il l'a si souvent fait : *Oui, je veux savoir*, sans être véritablement certain qu'il s'agisse de son propre choix.

Vous en avez pour quelques mois. Six, au mieux. Il regarde les arbres balancer derrière la fenêtre de l'hôpital. Dehors, le printemps. Il est venu pour se faire prescrire des médicaments contre la fatigue qui augmentait de manière exponentielle depuis l'abandon de l'appartement, de Nathalie. Il pensait que c'était son châtiment, une manifestation de sa culpabilité. Des anxiolytiques lui permettraient de tenir. De guérir. De revenir, peut-être.

Vous avez d'autres questions ? La voix du spécialiste est sèche. Il se reprend, répète la question avec une intention marquée de compassion. Malgré l'expérience il ne doit pas apprécier d'avoir à formuler ce genre de verdict. Ou peut-être que si, comme ces vivants qui se sentent emplis d'énergie au retour des enterrements.

Il pense à Béatrice : c'est la première fois qu'il y pense réellement depuis la réception du SMS annonçant sa naissance. Il fixe le visage de l'homme, y superpose celui d'un bébé de sexe féminin, qu'il n'aura jamais connu. Auprès duquel il n'aura jamais l'occasion de réparer ses torts.

Trop longtemps après, les yeux toujours égarés sur le visage du médecin, il pense à Nathalie. Pas d'anniversaire de sa fuite en décembre. De retour. De pardon. *Six mois, au mieux.* Il n'a pas d'autres questions.

Quelques gestes de la main suffisent à débarrasser la portière du camouflage qu'il a si méticuleusement élaboré le matin-même. Le calepin se trouve dans le vide-poche où il l'a déposé en décembre. Un des seuls souvenirs qu'il a emportés, sans comprendre pourquoi celui-là et pas un autre.

C'est un gros carnet à spirales dont les feuilles sont quadrillées de carreaux d'écoliers. Nathalie y recensait des données et anecdotes sur leurs vacances. À chaque départ elle notait en haut d'une page la date et l'heure, crayonnait dans l'angle droit un symbole pour figurer les conditions météorologiques du moment. Puis sans logique elle recopiait des bribes de conversations, indiquait le prix d'un péage ou l'heure de franchissement d'une frontière, les qualités d'un plat découvert au restaurant. Elle prétendait qu'ils auraient plaisir à feuilleter le calepin quand ils seraient vieux. Qu'à partir d'un détail ils parviendraient à recréer l'intégralité du voyage, à reprendre le fil d'une dispute avec le recul de l'âge et des épreuves partagées.

Il arrache les pages vierges, replace le calepin dans la boîte à gants. Il n'a pas le courage de se confronter aux souvenirs du temps où la vieillesse était envisageable et leur couple promis à durer.

Dans sa main, une soixantaine de feuillets. Infiniment plus qu'il ne lui en faut pour sa lettre à Béatrice.

Assis à la table, une feuille posée devant lui, il cherche un titre. Ça lui semble important d'en indiquer un en haut de la première page, comme le faisait Nathalie.

Il ne trouve pas. Il indique juste Béatrice, au milieu de la page. Puis sans l'avoir voulu il dessine dans l'angle supérieur droit un soleil éclatant pareil à celui qui martèle le toit en tôle de la cabane.

Les larmes le prennent au dépourvu.

Béatrice,

Je t'écris d'une cabane au milieu de la forêt. J'avais dix ans quand j'ai découvert cet endroit avec mon grand-père, je m'étais promis d'y revenir à l'âge adulte. D'y emmener mes enfants lorsque j'en aurais – si j'en avais un jour.

J'aurai au moins tenu cette promesse-là. Pendant que je t'écris, tu dors à côté de moi. Tu n'as pas encore un an.

Il n'y a aucune présence humaine à des kilomètres à la ronde – du moins je le suppose. Tout autour de nous est calme et silencieux. Bientôt peut-être des hélicoptères tourneront autour de nos têtes. Le bruit des pales te fera pleurer. Des hommes s'avanceront vers notre refuge, dissimulés derrière les troncs des arbres.

Notre temps est compté.

Ou peut-être que non. Qu'on ne nous cherche pas. Je n'ai parlé de cette cabane à personne, pas même à ta mère.

Je viens de baisser les yeux vers toi, de te regarder dormir. J'ai posé mon stylo, hésité à le reprendre. Ai-je raison de t'écrire ? Sur ton front d'enfant je n'ai lu aucune réponse à cette question.

C'est normal. C'est à moi de trouver la réponse.

Il aurait aimé être capable de former des lettres élégantes, pareilles à celles qu'écrivait son grand-père – l'autre, celui qui préférait les livres aux forêts. Au lieu de quoi sa main a tremblé. La graphie est laide, pareille à l'héritage qu'il laisse. Pourtant les mots sont venus spontanément. Le temps qu'il a écrit, les douleurs se sont mises entre parenthèses. Seule la fatigue l'a conduit à s'interrompre, et les battements incontrôlés de son cœur. Les mots qu'il a tracés sur le papier lui ont semblé constituer une faute plus grave que l'enlèvement de son enfant.

Le côté gauche d'une des deux feuilles trahit le manque de soin avec lequel il l'a soustraite au calepin. Plusieurs phrases sont décalées vers la droite pour éviter un débord de la déchirure, elles déséquilibrent l'ensemble. Est-ce ainsi que les hommes rédigent des lettres pour leur enfant ? Il ne sait pas. Il pousse les feuillets jusqu'au bord de la table, le recto caché contre la surface. Il ne relira rien.

Il s'applique à ce que les contours extérieurs, qui sont demeurés droits, épousent méticuleusement l'angle du meuble. Plus encore que la journée qu'il vient de passer avec sa fille, il éprouve le sentiment paradoxal d'avoir posé son premier acte de père.

DEUXIÈME JOUR

Dehors, ce doit être l'aube. Le début du deuxième jour. Qu'a-t-il fait de ce temps avec sa fille ? Qu'a-t-il gagné à la ravir à sa mère ?

Les planches laissent filtrer une lumière imprécise, de plus en plus intense malgré l'absence de variations apparentes. Il se demande s'il est sain d'infliger à Béatrice cette vision d'un père fantôme. S'il n'aurait pas dû se résoudre aux soins palliatifs. Avec l'aide d'Angélique il aurait écrit des lettres posthumes. Une pour chaque anniversaire de sa fille, jusqu'à ses vingt ans. Nathalie se serait convaincue qu'il l'avait abandonnée parce qu'il se savait condamné. Elle aurait pardonné. Chaque 3 janvier elle aurait lu ses lettres à Béatrice, entretenu le souvenir d'un père qu'il aurait été possible de *regretter*.

L'évidence de ce qu'il aurait dû écrire lui coupe la respiration. Avec une lucidité hallucinée il entrevoit les conseils qu'il aurait distillés à chaque étape de la vie de sa fille. La manière qu'il aurait eue de se dévoiler pour qu'elle ait l'impression de le connaître ; de glisser entre les lignes des demandes de pardon à Nathalie.

Il aurait proposé à Béatrice de lui confier ses secrets, les nuits de ses anniversaires, dans un rituel qu'elle aurait respecté – *installe-toi à la fenêtre, quand tout le monde dort, et chuchote pour moi en direction des étoiles.* Plus tard elle aurait dit *mon père*, en parlant de lui. Ou pour elle-même. *Mon père me l'avait dit. Mon père m'avait prévenue. C'était l'endroit préféré de mon père.* Il aurait sublimé son abandon en relation posthume dénuée de conflits, d'incompréhensions. Dans la dernière lettre il l'aurait voussoyée comme la vieille dame qu'elle serait devenue, émue aux larmes à la fin de ses jours par l'ultime message de cet inconnu qui aurait su se rendre omniprésent.

Béatrice a sept mois. Par sa faute elle dort dans une cabane, son couffin posé sur un sol en terre battue. Au-dessus de sa tête, au lieu des mobiles multicolores de la chambre à laquelle il l'a arrachée, des enchevêtrements de toiles d'araignées. Dans son sommeil elle pousse de petits grognements, à intervalles réguliers. Les premiers l'ont terrorisé. Maintenant, il s'y est habitué.

Les coussins sur lesquels il s'est allongé ne protègent pas son corps des aspérités du sol. D'autres bruits que ceux de Béatrice proviennent de la forêt, amplifiés par leur passage entre les interstices des planches, plus nets maintenant que la lumière a envahi la pièce. Ceux-là, il ne les dompte pas. L'absurdité de sa présence dans la cabane surpasse tout ce qu'il a connu depuis décembre, son séjour dans un motel après sa fuite de l'appartement, les jours qui ont suivi le verdict.

Il se redresse, agenouillé sur un des coussins. C'est obscène d'avoir écrit à Béatrice. Comment a-t-il pu croire que ça ferait de lui un père ? Un dégoût de lui-même le submerge, si violent que son front se couvre de sueur.

Il se recroqueville au sol. Il voudrait n'avoir jamais suivi son grand-père l'été de ses dix ans.

Obscène ? Ce qui est obscène, c'est de crever à trente-trois ans. De n'avoir qu'une lettre posthume pour s'inventer un lien avec sa fille. Il ne déchire pas les feuilles. Il n'a rien d'autre à offrir.

Ses doigts secs et fiévreux, malhabiles contre la peau de Béatrice quand il la change. Plus dangereux que les clous ou les échardes des planches. Il risque de la marquer comme jadis les bourreaux à l'épaule des femmes perdues. De lui transmettre son mal.

D'une main il jette la couche sale au pied de la chaise, aux côtés de celles de la veille. Elles s'accumulent, témoignent du temps qu'ils passent ensemble au même titre que les feuillets alignés à l'angle de la table. Des strates qui évoluent, attestent qu'il n'est pas encore mort. Des mots pour Béatrice et des matières qui se décomposent. Son autre main à plat sur le torse de sa fille, pour qu'elle ne tombe pas. C'est comme ça que font les pères : ils assurent la sécurité de leur enfant. Empêchent les chutes. Luttent-ils aussi pour contenir les démences qui gonflent sous leurs crânes ? Se raisonnent-ils pour ne pas comparer la puissance de leur paume à la fragilité du corps de leur progéniture ?

Il a un mauvais sourire : quelle puissance a sa paume ? Les autres pères n'affrontent pas la destruction de leur propres cellules, l'assèchement de la peau, la rétractation des muscles. Il leur est facile de ne songer qu'à l'innocence du bébé. À sa fragilité.

Béatrice le regarde. Elle paraît comprendre les tourments de l'homme qui la change, n'en tire aucune inquiétude. Au contraire, elle sourit.

Il glisse sa main jusqu'au cou de sa fille. Enroule ses doigts autour de la nuque étroite dans un mouvement à la fois maladroit et gracieux. Il poursuit le geste, remonte sa paume jusqu'à la joue, termine par une caresse.

À nouveau, le rire rauque. Il se penche, soulève le crâne de Béatrice et dépose sur son front un baiser. Leur premier.

Quand j'ai appris que tu étais née je me suis imaginé te tenir contre moi, le soir, quand tu n'aurais pas voulu dormir. Depuis la fenêtre on aurait aperçu les lumières de la ville en contrebas. Tu te serais assoupie contre mon torse. Tu aurais poussé des soupirs parce que les mouvements de mon ventre t'auraient dérangée.

Cette scène n'a pas eu lieu. Pourtant aujourd'hui dans la cabane je t'ai tenue contre moi, j'ai caressé tes joues et embrassé ton front.

Cette scène-là a eu lieu.

Pourquoi avoir menti ? Inventé des caresses dans le vide qu'il aurait offertes à Béatrice pendant les mois de son absence ? Il n'a pas pensé à elle après avoir reçu le SMS annonçant sa naissance. Ni à Nathalie. Il n'a pensé à rien. Sauf, à partir d'avril : à la maladie. Puis à Angélique.

Cette scène a eu lieu.

Ses mains tremblent pendant qu'il plie la feuille, la superpose avec un soin maniaque au-dessus des deux premières. Ses mains tremblent mais il va jusqu'au bout du geste, il empile ses écrits. Les aveux et les mensonges. L'invention d'un père.

Il pourrait soulever Béatrice de son couffin et la bercer en regardant depuis l'entrebâillement d'une porte le soleil s'élever sur la forêt. Le vert des arbres s'embraser. Le mensonge serait atténué. Il ne le fait pas.

C'est la première personne qu'il aperçoit à son réveil, après que le médecin lui a proposé de l'hospitaliser. *Vous vous ferez apporter des affaires par vos proches.* Il n'a pas dit qu'il n'avait plus de proches. Ses proches étaient morts, ou abandonnés par lui. Il a enfilé le pyjama de l'hôpital, laissé filer les mots des internes qui tentaient de le rassurer en prétendant que l'urgence de son hospitalisation n'était pas synonyme de condamnation. Il a dormi, d'un sommeil plus profond que ceux qui ont suivi sa fuite.

Bonjour. Elle ouvre les volets, propose un verre d'eau. Pendant qu'elle réajuste la sonde, son buste se tord dans un mouvement de statue. Elle sourit comme pour s'excuser de dégager autant d'éclatante santé dans la chambre d'un patient en sursis. Pour la première fois depuis décembre il est pris d'une curiosité qui concerne un autre que lui. *Comment vous appelez-vous ?*

Angélique.

Il a entendu ce prénom quelques mois plus tôt, dans la bouche de Nathalie. *C'est joli, Angélique.* Ils attendaient leur tour à la boulangerie, le matin du 22 décembre. Nathalie avait repéré une annonce manuscrite pour des heures de ménage. Avant l'annonce de la grossesse, déjà, elle avait émis le souhait de recourir à une aide pour l'appartement, il s'y était opposé. Avec l'imminence de l'accouchement, elle revenait à la charge. La fille, Angélique, se prétendait digne de confiance. Elle avait prédécoupé des franges de papier au bas d'une feuille, sur lesquelles elle avait inscrit ses coordonnées, d'une écriture arrondie et appliquée. Nathalie en avait déchiré une, murmurant au même moment *C'est joli, Angélique.* Cette phrase et le morceau de papier qu'elle avait gardé dans sa main jusqu'au retour à l'appartement avaient propulsé l'angoisse à des niveaux jamais atteints ; elle occupait dans son corps une place qu'il percevait physiquement.

C'est joli, Angélique, prononce-t-il pour lui-même dans la chambre d'hôpital. L'infirmière sourit à nouveau, comme si elle était habituée à ce compliment sur son prénom.

Elle demande : *Vous avez des enfants ?* tandis qu'elle ajuste la perfusion à son poignet, chacun de ses gestes exact et délicat. *J'ai une fille. Béatrice. Elle a eu quatre mois la semaine dernière.* Le visage d'Angélique demeure impassible. Tout juste perçoit-il l'infime tressaillement de ses doigts tandis qu'elle aplanit le drap d'un revers de la main. Il a prononcé la phrase à dessein, pour vérifier qu'elle sait. Qu'ils sauront tous, ceux qui franchiront la porte de sa chambre. Six mois *au mieux*. De cette pièce aussi il faudrait fuir, avant de crever.

Angélique s'avance vers lui. Elle pose la paume sur son épaule. Ses doigts s'y déploient avec douceur, ils ne tressaillent plus. Est-ce que Nathalie aurait eu une réaction aussi apaisante s'il lui avait annoncé qu'il était condamné ? Elle aussi était forte, savait masquer ses émotions. Accomplir le geste juste.

Il se détache un peu sèchement de l'étreinte de l'infirmière. Elle ne s'offusque pas de son recul. Le soleil découpe sa silhouette à contre-jour. Il ne peut s'empêcher de poser les yeux sur sa poitrine, de les laisser s'y attarder. Il rougit quand elle s'en rend compte, ne modifie pas la trajectoire de son regard.

Je dois m'occuper des autres patients. Appelez-moi si vous avez besoin de quelque chose. Juste avant de sortir, elle se retourne, ajoute avec un sourire : *N'hésitez pas.* Elle désigne l'interrupteur qui pend le long de la tête de lit. *Il vous suffit d'appuyer là.*

Il remplit une cuillère de compote, la porte à sa bouche. Il répète le geste sans lâcher des yeux Béatrice qui l'observe à quelques centimètres de son visage, deux fois, trois fois, cinq fois, avec une patience qui lui semble infinie. Dont il ne se savait pas capable.

Il prend la main de sa fille dans la sienne, lui fait saisir la cuillère et exécuter le mouvement pour elle-même. C'est comme un ballet ralenti qu'ils partagent, l'enveloppé des avant-bras jusqu'à la bouche de Béatrice, la proximité des épidermes.

L'acidité obsédante de la pomme mêlée au remugle de la cabane : Béatrice doit en souffrir aussi, elle effectue une grimace et expulse la compote sur le sol. Elle éclate de ce rire rauque qui l'a si fortement ému la veille. Avoir contemplé sa fille toute la matinée n'a servi à rien. Pas plus que lui avoir écrit. Seules comptent ces minutes où il lui apprend à manger, où leurs peaux entrent en contact. Où le rire de Béatrice fait vibrer à l'unisson leurs deux thorax.

Il répète le geste, puis éloigne sa main, son bras. *À toi. Toute seule.*

Déconnecté de la peau de Béatrice, il replonge dans ses angoisses. Se demande le sens qu'il y a à investir dans un avenir dont il sera absent. Béatrice plonge la cuillère dans le pot. La remplit. Elle fixe son père, très fière de cette première étape. Hésite. Tend la cuillère vers lui.

Il éclate de rire. Sa gorge produit un son déplaisant, qui effraie Béatrice. Il n'a plus ri depuis l'annonce de sa maladie. Depuis son départ de l'appartement. Depuis plus loin encore, la disparition des lieux de l'enfance et de ceux qui l'y avaient initié. Il serait vain de chercher à quand remonte la dernière fois, il ne s'y attarde pas.

C'est la première fois qu'il rit devant sa fille. Il n'avait pas imaginé que ça leur arriverait.

Il mange la compote que Béatrice lui offre. Puis ils alternent : une cuillerée qu'il lui tend, une cuillerée qu'elle lui rend. Il avait perdu toute sensation de faim, il se surprend à avaler avec plaisir la nourriture proposée par sa fille.

Le jour n'existera pas où il sera devenu un impotent qu'il faudra nourrir à la cuillère. Il pourrait se réjouir que sa mort épargne à Béatrice son visage émacié, la peau de ses mains pervertie par les taches de vieillesse, l'âcre odeur des maisons de retraite. Il ne se réjouit pas. Ça ôte même de la douceur à leur apprentissage.

Dans la forêt je t'ai montré comment te servir d'une cuillère. Je m'attribue la paternité de cet apprentissage, même si ta mère l'avait probablement engagé bien avant moi. De ce que ta mère et toi avez partagé je ne connais rien. Nous n'avons été trois que pendant les huit premiers mois et demi de la grossesse, puis deux nuits d'été – dont je te parlerai plus tard, si j'en ai le courage. Ta mère n'a pas compris à quel point j'ai été absent de sa grossesse, pas plus qu'elle n'a deviné que j'étais revenu. Tu peux penser que je l'ai trahie. Tu aurais probablement raison.

Je ne prétends pas que tu me comprennes. Encore moins que tu me pardonnes.

J'écris pour que tu saches que ton rire ce matin a été le plus beau présent de ma vie d'adulte.

Il est assis sur un banc, avec une dizaine de garçons de son âge, autour de la table en granit située près du court de tennis. Dans l'obscurité les branches des cactus qui les entourent ressemblent à de longues mains fourchues ; pourtant elles n'ont rien de menaçant. Derrière eux la silhouette de l'hôtel où ils se retrouvent chaque été, selon un rituel qu'il aimerait croire immuable. De la terrasse en surplomb leur proviennent les voix des adultes, leurs rires puissants, si peu semblables à ceux qu'ils laissent échapper le reste de l'année.

Il est le seul Français parmi les Italiens. Il ne saurait dire de quoi ils parlent, chaque soir. Parfois ils jouent aux cartes. Parfois il leur arrive de rire eux aussi, ou d'être sur le point de se battre. Un peu avant minuit ils partent arpenter en bande le *lungomare*. S'ils croisent une fille qui leur plaît ils parlent plus fort, se bousculent : le jeu est réussi si l'un d'entre eux heurte la fille. Mieux encore, si elle les invective.

En France, il n'a pas de ces amitiés-là. La saveur de l'air est plus fade. L'avenir n'offre pas les mêmes promesses. Chaque année il lui semble qu'il sera incapable de retrouver l'usage de cette langue étrangère qu'il n'utilise qu'un mois dans l'année, de se glisser dans la peau de ce double débarrassé de ses entraves. Sa capacité à se métamorphoser en une meilleure version de lui-même. À devenir semblable aux autres, admis parmi eux.

Massimo, le fils du propriétaire de l'hôtel, est leur aîné de six ans ; un modèle qu'il aspirent tous à imiter, même si aucun ne l'admettrait. Il se destine à devenir footballeur professionnel. Lorsqu'il ne s'entraîne pas dans la ville voisine, il parade dans des tee-shirts à l'effigie de son équipe, met les jeunes clients de son père au défi de le dribbler sur la plage ; d'arrêter ses penaltys à deux dans une cage. Sa fiancée a dix-huit ans, un corps à couper le souffle. Elle porte des robes exubérantes, décolore ses cheveux, fait tourner les têtes sur son passage. Ce soir à minuit Massimo l'emmènera dans le restaurant le plus coté de la région. Il a décrit pour ses disciples la succession des plats, les guirlandes colorées sur la terrasse, la vue sur la mer, le personnel en gants blancs ; l'atmosphère particulière des dîners commencés à l'heure où le commun des mortels se met au lit. Il a glissé des allusions à ce qui se passerait ensuite, quand ils seraient de retour dans leur chambre.

Les garçons guettent le départ du couple, plus silencieux qu'à l'ordinaire. Une tension qu'ils ne sauraient pas définir électrise l'atmosphère. Ils ont renoncé à arpenter la riviera. Ils veulent voir.

Enfin les fiancés apparaissent à la porte de l'hôtel. Elle descend l'escalier qui conduit au cours de tennis, somptueusement ignorante des adolescents qui la dévorent du regard. Elle pourrait bifurquer vers le parking sans que rien d'autre n'advienne que son dos dénudé, le balancement de ses pas dans la nuit, le contraste entre ses chevilles bronzées et la blancheur des chaussures à talons ; toutes leurs vies seraient alors gâchées, incomplètes.

Au dernier moment elle se retourne, porte sa main à la bouche. Dans l'air hystérisé par le parfum des lauriers elle fait voler jusqu'à eux un baiser théâtral. *Bonne nuit à vous, mes petits fiancés !* Massimo se retourne à son tour, adresse aux admirateurs un clin d'œil partageur. Les cœurs s'embrasent à l'idée des promesses contenues dans cette scène, des ivresses à venir.

À quatre pattes, Béatrice s'amuse à faire rouler vers elle, puis loin d'elle, puis à nouveau vers elle un lapin en bois attaché à un fil. Aucune répétition ne semble devoir la lasser. Soudain un éclat de soleil embrase la poussière autour d'elle.

Il voit la crasse. Les couches sales entassées au sol, autour desquelles tournoient des mouches. Comment ne les a-t-il pas remarquées plus tôt ? La cuillère avec laquelle il nourrit sa fille à même la surface poisseuse de la table, colonisée par les insectes qui s'y engluent les pattes. Le cauchemar de la nuit refait surface.

Il ne peut pas vivre dans un tel environnement. Pas contraindre Béatrice à subir sa démence. L'imminence de la mort n'excuse pas ça. Il se lève. Au moins débarrasser la cabane des couches usagées. Il les lance dans la clairière, aussi loin que la débilité de ses muscles le lui permet. Pas très loin.

Comment peut-il en être arrivé là ? Avoir renoncé à tout ce qui a été lui ? Il marche jusqu'aux six couches qui jonchent le sol, les ramasse. Où les mettre ? Où les mettre pour conférer à son unique séjour de père une apparence de normalité ?

Papa sort les poubelles. Il articule cette phrase dans la clairière, pour Béatrice qui ne l'entend pas. Une répétition. L'entraînement à la paternité. Il rentre dans la cabane, vide un des sacs contenant les réserves d'eau. Il y dépose les couches. Béatrice s'est interrompue dans son jeu quand elle l'a vu revenir, elle le regarde.

Papa sort les poubelles. Elle a un mouvement de la tête. Comme un acquiescement. Il se débarrasse du sac derrière la cabane. Le recouvre de branches, de feuilles. Il entend à l'intérieur babiller Béatrice. À travers un interstice entre deux planches il devine la forme de son corps jouant au sol. Il colle l'œil contre l'ouverture, la surface griffue du bois lui meurtrit le visage. Ce serait justice qu'il se crève un œil, comme les géniteurs coupables de la mythologie.

Il n'aperçoit qu'une boucle des cheveux de sa fille, isolée entre deux bandes de bois. Elle semble briller sous l'effet du soleil qui pénètre par la porte. Il tente de saisir le visage de sa fille en entier, mais l'ouverture est trop étroite, elle ne permet aucun autre angle de vue que celui qui conduit aux cheveux lumineux de Béatrice. L'odeur du bois maculé de rouille à quelques millimètres de sa bouche lui est intolérable, tout comme le bourdonnement des mouches qui ont suivi le trajet des couches.

C'est assez. Il ne mérite pas plus qu'une mèche des cheveux de sa fille. C'est déjà un miracle de pouvoir se repaître de ce qui lui est offert. Il voudrait avoir la force de tenir jusqu'à la fin de la journée la position qui l'autorise à être le voyeur de Béatrice, mais elle disparaît du champ en poussant des cris de joie, attirée par quelque chose qui échappe à son père.

La neige gicle autour de lui, la vitesse et le froid lui brûlent les pupilles. Il baisse les paupières, pousse un hurlement jubilatoire. Quand il rouvre les yeux, la maison familiale se rapproche dangereusement. Comme à chaque fois, il se jette dans la poudreuse, sur le replat trop court, pour ne pas risquer de franchir la route.

Sa mère le relève, chasse d'un geste de la main la neige qui colle à ses cheveux. Elle se tenait debout devant la route, prête à servir d'ultime rempart s'il n'était pas parvenu à s'arrêter.

Encore, supplie-t-il. Sans attendre la réponse il est déjà parti vers le sommet de la pente, corps penché et pupilles dardées sur la surface éblouissante.

Fais-en une avec moi. Elle accepte. S'installe derrière lui sur la luge, les mains autour de son torse. Ils s'élancent, il l'entend crier. Son cœur s'emballe à l'idée qu'elle éprouve une jubilation identique à la sienne. Ils basculent dans la neige, juste au bord de l'asphalte. Cette fois c'est lui qui époussette le visage et les cheveux de sa mère, étonné qu'elle le laisse faire, des couleurs qui empourprent ses joues, de l'éclat qui scintille au fond de ses yeux.

Tu me feras un chocolat ? Il ne pose la question que pour l'entendre acquiescer. Plus tard dans son lit, quand il ferme les yeux, son corps entame une nouvelle descente. L'illusion est si profonde qu'il est saisi d'un spasme qui le fait choir sur le parquet. Sa mère déboule dans la chambre.

C'est à cause de la neige. J'ai glissé. Il rit. Son poignet est endolori, il ne le lui dit pas. Elle caresse ses cheveux. *On recommence demain ?* Juste pour le plaisir de la confirmation.

Devant lui, une feuille vierge arrachée au calepin. Il attend, assis à la table bancale. La chaleur d'août pousse contre les planches, dotée d'une volonté propre qui accable les deux occupants. Dans son couffin Béatrice s'agite, le front moite de sueur. Ne faudrait-il pas l'éponger ? L'eau dans les bouteilles en plastique est trop chaude pour la rafraîchir ; trop chaude pour être bue sans avoir au préalable été mélangée à de la poudre de lait.

Si elle mourait avant lui ? Victime des mauvais traitements de son père ? Il étouffe, se traîne jusqu'à la porte pour reprendre son souffle. Le contact de la tôle lui brûle la paume, l'air est si chaud qu'il en paraît solide. C'est de l'autre côté de la clairière qu'il faudrait trouver refuge, sous la protection des houppiers.

Ou derrière la cabane, juste quelques pas à faire... prendre Béatrice dans ses bras, profiter avec elle de la fraîcheur apportée par les feuilles au-dessus de leurs crânes, du murmure apaisant de leur balancement.

Il ahane. Une quinte de toux le plie en deux : il vomit sur le seuil de la porte. Le bruit réveille Béatrice, qui pleure. Il retourne vers elle, stupéfait qu'elle ne hurle pas en le voyant approcher. Que le visage hagard qui se penche sur elle, la bouche suintant de bile ne lui procurent ni terreur ni dégoût. Au contraire ses pleurs s'interrompent ; elle paraît attendre qu'il la prenne dans ses bras. Se pourrait-il qu'elle ait compris qu'il était son père ? Qu'elle l'accepte et le console inconditionnellement ?

A-t-elle éprouvé le même attachement pour Nathalie dès le jour de sa naissance ? De quel droit s'est-il permis d'interrompre leur osmose ? De revendiquer un rôle de père, alors qu'il en avait fui les responsabilités ?

Il ne peut pas la prendre contre lui avec le visage maculé de vomissures. Il s'essuie de l'avant-bras, avale une rasade d'eau tiède. Béatrice ne cesse pas de le suivre des yeux, elle semble douée d'une patience et d'une compréhension infinies, qu'il sait ne pas mériter. Enfin il la soulève du couffin, se force à grimacer un sourire pour qu'elle ne devine pas l'effort que ce geste exige de lui.

Ensemble et enlacés, il attendent le soir. La deuxième nuit.

TROISIÈME JOUR

Depuis avril il ne rêve plus La nuit du troisième jour, pourtant, sa ville lui apparaît. Sa ville natale, entrevue depuis le ciel. Lentement survolée. Les rues, les bâtiments, l'obscurité. Nul bruit. Son propre corps absent. Une place se rapproche. Il distingue une église, dont les cloches sonnent. Elles vibrent trop fort, il prend peur, se réveille. Son cœur cogne à un rythme effrayant. Il se demande à quoi ressemblent en cette minute les vraies rues de sa ville. Les feuillets alignés à l'angle de la table se détachent dans l'obscurité, comme si leur pâleur appelait à elle toute la lumière disponible de la cabane ; comme si elle forçait la lune à briller plus, par-delà le toit de tôle et les béances des murs, pour lui soutirer ses reflets.

Le soir de sa mort des adolescents s'embrasseront sous les porches. Les garçons banderont, tenteront de glisser leurs mains sous les chemisiers des filles. Le soir de sa mort ne mettra pas fin aux montées des désirs, aux clairs de lune sur les collines, aux caresses de l'air sur les visages des adolescents. C'est ça qu'il lui faut partager avec Béatrice, plutôt que les souvenirs de la cabane : l'enthousiasme des premières fois sous les porches ; la propagation des ondes sonores qui rendent possible toutes les audaces. À quoi bon vouloir justifier l'enlèvement, s'inventer des regrets qu'il n'a pas éprouvés ? Lui avouer ce qu'il a ressenti en entendant son rire ?

Il ne se résout pas à détruire les feuillets déjà écrits. Il cherche à retrouver les sensations de son rêve, la couleur des pierres et la saveur de la poussière dans les rues. L'été. Le balancement des marronniers sous lesquels il passait à vélo, tête baissée. Il se sent incapable de revenir sur son passé, incapable de réagir dans quelques heures à l'appel de Béatrice. Il n'a pas même la force de se lever pour avaler un cachet de morphine, ou contempler sa fille endormie. Il n'écrit rien. Les douleurs augmentent, atteignent une intensité telle qu'elles en deviennent irréelles, comme vécues de l'extérieur. Il n'écrira plus. Père trois jours et deux nuits. À peine quelques feuillets pour héritage.

Je n'y arrive pas. Il souffle les mots entre ses dents. Les relents de son haleine s'épandent jusqu'au couffin où dort Béatrice. II revoit le dos du grand-père masquant l'intérieur de la cabane, les promesses qu'il avait projetées sur ce lieu. L'échec de son projet.

Il voudrait retrouver, avant de mourir, l'odeur des rues de sa ville natale. C'est ça qui manquait à son rêve : les odeurs. Les odeurs d'avant la maladie, celles qu'il supportait encore. Aucune ne lui revient, mais à la place : des mots. Des mots comme s'il les entendait. Des mots de la nuit chargés d'un sens métaphysique qu'ils perdront avec l'arrivée du soleil, même s'ils perdurent dans l'ordre exact voulu par son inconscient. Il répète ces mots à voix haute, paniqué à l'idée de les perdre. Il se met debout, c'est moins pénible qu'il ne l'aurait cru. Il claudique jusqu'à la table, ânonne mécaniquement les phrases sans les comprendre. Les mots eux-mêmes se sont disloqués au point de n'être plus qu'une suite de sons à préserver, un message codé dont le sens lui échappe.

Dans son couffin Béatrice pleure. Il l'entend. Il croit se souvenir qu'il l'entend depuis longtemps. Pourtant il ne dévie pas de sa trajectoire. Il s'accroche aux mots qu'il psalmodie, à ceux qui ne se sont pas effacés, qui ne sont pas retournés à la nuit ou à la forêt. Il dispose un feuillet devant lui, ses doigts traquent fiévreusement le stylo sur la surface enténébrée de la table. Ça lui fait perdre encore quelques phrases. Il réussit à n'en sauver qu'une poignée, pas même certain que les lettres s'impriment sur le papier. Il dépose la feuille sur les précédentes, le verso vierge imbibé à son tour par la lumière de la lune. Des mots qu'il vient d'écrire aucun ne lui reste en mémoire.

Béatrice pleure. C'est la première fois qu'elle s'éveille en pleine nuit. La honte le submerge d'avoir sacrifié sa fille à la conservation de ses hallucinations. Il se précipite. La prend dans ses bras. Lui murmure toutes les excuses qu'il n'a jamais offertes à Nathalie, s'étonne de sa capacité à trouver des mots qui sonnent juste, des gestes tendres, des actes de père. Bientôt elle se rendort.

Je vole, Béatrice, porté par les vibrations des cloches. Je m'éloigne. Quelque chose s'échappe de moi en direction de la ville en contrebas, que je ne peux pas retenir. Quelque chose qui m'allège du poids des pierres qui oppresse les bâtiments, de l'asphalte qui fige les avenues, de l'immobilité boueuse du fleuve. Quelque chose que j'aurais voulu te léguer mais que je ne discerne plus, trop loin de tout maintenant. Trop loin de toi.

L'été de ses sept ans son père l'accompagne dans le bosquet : il cloue trois planches entre les branches de l'arbre le plus imposant, façonne quelques marches avec les excroissances du tronc.

Tu pourras inviter des amis. Il laisse croire que oui, même s'il sait qu'il n'en fera rien. Que gagnerait-il à partager le refuge que vient de lui offrir son père ? Aucun des garçons qu'il côtoie à l'école n'aurait la capacité d'isoler la chute de chaque feuille pour en faire un sujet d'émerveillement ; d'observer au printemps la maison familiale s'effacer progressivement à la manière du fond d'un puzzle, jusqu'à disparaître dans le fouillis des feuilles. Lequel saurait attendre, immobile, l'approche d'un écureuil ?

Parfois en hiver il aperçoit les silhouettes de ses parents à travers une fenêtre éclairée. Ils ne se doutent pas qu'il les observe, ou peut-être qu'ils s'en moquent. Ils se laissent aller aux gestes de mésentente qu'ils retiennent en sa présence. Il n'est pas mécontent quand le printemps érige un mur de chlorophylle entre les déchirures familiales et lui.

En dehors de l'école il a la liberté de rester dans le parc autant qu'il le souhaite. Le seul interdit concerne le manoir, sur le versant opposé de la colline. Mais le manoir ne l'intéresse pas. Il ne l'a jamais connu habité. Un jardinier y vient quelques jours par an pour ouvrir les fenêtres, tondre l'herbe des deux pentes – celle qu'il est si bon de dévaler l'hiver, l'autre qu'il est interdit d'emprunter.

Le soir, si on oublie de l'appeler, il laisse la nuit l'envelopper. Malgré l'obscurité, les craquements des troncs, l'écho des courses d'animaux invisibles, les battements d'ailes qui le frôlent, il se sent en sécurité plus que nulle part ailleurs. Ces heures suspendues entre les arbres du bosquet compensent toutes les autres. Ajoutées à celles des séjours au bord de l'Adriatique, elles rendent l'existence supportable, et l'avenir ouvert.

Ils s'approchent pendant la nuit. Il les entend rôder autour de la cabane, devine leurs pupilles qui le traquent à travers les interstices. Ils murmurent, désapprobateurs. Ils découvrent les traces que les couches ont laissées au sol, l'omniprésence de la poussière. Leurs pas se massent aux abords de la porte en tôle, pas moyen de se barricader. Son corps n'a aucune force à leur opposer. Il ne bouge pas. S'ils le trouvent mort ils ne pourront rien lui reprocher. Ils emmèneront Béatrice. Ils jetteront son cadavre dans une ornière, à côté de sa voiture et des quelques déchets générés en trois jours.

Crever avant qu'ils n'entrent. Crever de manière *fulgurante*. Il cherche à localiser sa main, elle lui obéit encore. Il la plonge à travers son torse, empoigne le cœur, le presse jusqu'à l'étouffer. La matière se dérobe à la manière d'une méduse privée de filaments qui lui filerait entre les doigts. Il ne réussit qu'à se faire hoqueter. Ses poumons brûlent. Un liquide chaud coule de sa bouche. S'ils entraient et le voyaient ainsi, brandissant son cœur dans leur direction ? Battraient-ils en retraite ?

Ils vont entrer. Le trouver baveux, bileux, dégueulasse. Pas même crevé. Pas même cette pudeur-là. Le cœur bien en place à l'intérieur de la cage thoracique. Maintenant il distingue leurs voix. Il les reconnaît toutes. Il n'en manque aucune. Ils attendent la fin de son agonie, c'est pour ça qu'ils ne franchissent pas le seuil. Ils lui laissent le temps. Ils n'ont pas d'impatience. Il voudrait au moins qu'ils lui laissent retirer le dernier feuillet de la pile. Ces mots dont il ne se souvient plus mais qui lui font honte. Un père ne se débarrasse pas des paroles qu'il a rêvées pas pour les déverser sur sa fille en guise de testament. Sinon ce n'est pas un père.

Il aimerait ramper jusqu'à Béatrice. L'embrasser. Si elle voyait son visage ? La bave ? La bile ? Le sang ? Il bifurque vers la porte pour y jeter son corps. S'effondrer à leurs pieds, profiter de l'effet de surprise pour bondir jusqu'à la table, déchirer les mots de la nuit. Il plonge. Son front explose. Sa colonne se brise. Il gît à leurs pieds. Pas même mort. Il se redresse, à hauteur de leurs genoux. De leurs ceintures. Il tend la main, aucun ne s'en saisit. Un pied shoote dans son ventre. Il vomit encore.

Qu'as-tu fait de Béatrice ? Ses doigts se crispent. Une chaussure appuie sur sa tête, écrase son nez sur la terre battue. *Qu'as-tu fait de ta fille ?* C'est injuste, il ne peut pas répondre, la bouche emplie de poussière. Qu'aurait-il à répondre, même s'il le pouvait ? *Souviens-toi de la fois où tu l'as changée !* Il jure qu'elle n'est pas tombée. Ils n'entendent pas. Ils crient. Derrière leurs voix, il devine celle de Béatrice. Elle hurle pour les faire taire. Pour défendre son père.

Alors il se relève, s'arrache aux mains qui le ralentissent. Eux aussi sont privés de forces ; d'autorité sur lui. Si Nathalie était là tout serait différent : elle haranguerait la meute, ils n'auraient pas de pitié. Sans elle, ils hésitent. Il en profite pour ramper jusqu'à Béatrice, encore capable de ce sursaut d'énergie. Pourtant il sait déjà qu'elle n'est plus là. Qu'ils la lui ont retirée. Il espère malgré tout.

Le couffin est vide.

Plus un bruit dans la cabane.

Béatrice lui tend les bras. Elle s'accroche à ses jambes, lève vers lui son front câlin et obstiné. *Je ne peux plus te porter*. Elle semble le comprendre. Lui facilite la tâche. S'occupe à même le sol avec l'unique jouet qu'il a apporté. Plus tard quand il l'installe sur la table pour la changer elle ne pleure pas. Ne s'agite pas. La peau fragile de son dos repose pourtant à même la surface rugueuse du plateau. Il y a le risque d'une écharde, d'une plaie qu'il n'aurait rien pour désinfecter.

Béatrice coopère. Elle redresse les jambes sans qu'il ait à impulser le mouvement. Il a oublié de prendre une couche propre à côté de lui. Ne se sent pas la force de soulever sa fille pour la déposer au sol : il la laisse seule sur la table, à côté des feuillets, avec le risque qu'elle tombe ou qu'elle disperse les lettres. Des visions de son crâne fracassé l'assaillent. La manière dont le sol meuble se repaîtrait de son sang. L'expression stupéfaite de Béatrice, sa confiance trahie. Le rire rauque à jamais tari.

Souviens-toi de la fois où tu l'as changée. Une prémonition. Ses doigts tremblent pendant qu'il fouille le sac en plastique, sa vue se brouille. Pourtant quand il rejoint

Béatrice elle n'a pas bougé. Elle lui sourit. En la soulevant pour glisser la couche sous son dos l'effort qu'il produit lui arrache un gémissement. Elle tend la main vers sa joue, le caresse. Il croit l'entendre prononcer, quand il la repose dans son couffin : *Papa !*

Il faut me pardonner les mots qui précèdent. Je les ai écrits comme ils me sont venus au cours d'un cauchemar, en pleine nuit, sans en comprendre moi-même le sens.

Peut-être que je n'aurais pas dû les transcrire. Mais je crois à ça : ta capacité à recevoir le peu que je suis en mesure de te donner, pendant le temps compté qu'il nous est donné de partager.

Je ne me suis pas relu. Je n'ai plus aucun souvenir de ce que ma main a tracé hier sur le feuillet. Tu seras la seule à avoir accès aux vestiges du cauchemar que j'ai fait à côté de toi dans la cabane, pendant les jours que nous avons passés ensemble.

Il ne sait pas ce qu'il doit transmettre, ni pourquoi il continue à compiler des phrases sur les pages arrachées au calepin. Peut-être cherche-t-il seulement quelque chose à *avoir fait* ? Une collection de feuillets à empiler à l'angle de la table, comme il accumulait les descentes en luge dans le parc en face de la maison familiale, ou les étés en Italie. L'activité d'un vivant. Les morts ne collectionnent rien.

Une trace, aussi. Ce constat qu'il laisse des mots sur le papier, personne ne peut le réfuter. Des mots qui existeront après lui. Il reprend son souffle, comme après une compétition.

C'est une après-midi de juillet, entre ses deux passages nocturnes dans l'appartement de Nathalie. Il marche à la périphérie de ce qui a été sa ville pendant trente-trois ans, loin du centre où on pourrait le reconnaître malgré la maigreur et la barbe qui dévore son visage. Il sort peu de l'hôtel, assommé de morphine et du dégoût de lui-même.

Il marche, il se souvient qu'il a aimé ça. Il entre dans un supermarché, dérive entre les rayons. Une petite fille crie « papa ! », il se dirige vers l'endroit d'où a surgi la voix. Il regarde l'enfant et son père choisir un jouet, ne trouve rien dans leur attitude qui lui paraîtrait impossible à reproduire. Dont il ne se sentirait pas capable.

Le père tend à sa fille un lapin en bois monté sur des roulettes. Elle bat des mains. Il attend qu'ils aient quitté le rayon. S'approche de l'endroit où l'autre père a choisi le jouet. Il en reste un. Il le prend. À la caisse, personne ne le démasque. Ne lui dénie le droit d'acheter son premier cadeau pour Béatrice.

La voix du médecin soudain dans la cabane. *Ce sont vos propres cellules qui s'autodétruisent*. Il se retourne, voit l'homme débout en face de lui. La blouse salie de bile. Il voudrait crier, n'avoir pas été retrouvé. Il se retient, à cause de Béatrice qui dort à côté de lui. Comment ont-ils fait, si vite ? Il cligne des yeux. Il n'y a personne dans la cabane, juste des rais de lumière qui plongent de la toiture, transforment en spectres les particules de poussière. *Certains patients résistent mieux que d'autres. Ça pourrait être lié à l'énergie vitale*. Il se souvient de ces mots prononcés à l'hôpital. Dans son cas le praticien ne croyait pas en la possibilité d'un miracle lié à *l'énergie vitale*. Il avait mentionné le sujet par réflexe, le regard déjà ailleurs ; déjà au-delà du corps de ce patient qui consentait si passivement à sa propre destruction.

Il a capitulé face à la perspective de devenir père, face à l'anéantissement de ses cellules, face à la disparition des lieux de son enfance. Capitulé sans combattre. Il n'aura été capable que d'enlever sa fille ; de lui écrire une lettre qu'elle ne lira jamais, dont le contenu n'aurait de toute façon présenté aucun intérêt pour elle.

Il appelle Angélique, puisqu'elle l'y a autorisé. Puisqu'elle lui a dit de ne pas hésiter. Il n'hésite pas. Il appuie sur le bouton. Il n'a plus le temps pour hésiter.

Elle entre. Ça aurait pu être une autre, n'importe quelle infirmière ayant vu s'afficher le numéro de sa chambre. Elle ne porte plus sa blouse, mais une veste aux motifs chatoyants. Elle s'en sépare, la dépose sur le dossier d'une chaise.

J'allais partir. Il devrait s'excuser, lui dire qu'il ne la retient pas. L'extérieur l'attend. Le monde des bien-portants. Il fixe sa poitrine que dévoile un chemisier blanc. Il fixe la poitrine d'Angélique sans fausse pudeur, sans même que l'indécence de son attitude le fasse culpabiliser. Il fixe cette poitrine parce que dans quelques mois il sera mort. Il a aimé ça, le printemps et les poitrines des filles ; les promesses des peaux tendues sur les corps convoités. Il va tout perdre, il estime avoir droit à ça.

Vous n'avez rien mangé. Elle approche une chaise du lit, s'assied. Elle prononce des mots dont le sens n'a aucune importance. Ce qui compte c'est le temps qu'elle lui offre, ces minutes où elle le laisse profiter de la proximité de son corps. Peut-être accepterait-elle qu'il plaque sa paume sur l'arrondi du sein ? Cette perspective lui fait horreur, comme la lubie malsaine d'un vieillard.

Il grimace, Angélique s'en rend compte. Elle pose une main sur la sienne. Il y a l'impact de ses phalanges sur la peau attiédie par la fièvre, sous laquelle les os saillent déjà. Le squelette impatient d'apparaître. Elle pose une main sur la sienne et il laisse faire. Il sourit. Il écoute Angélique ajouter quelques phrases inutiles, les plus précieuses depuis longtemps. *Je dois y aller*. Il opine. Elle se dirige vers la porte. *Je reviens demain*.

À nouveau il acquiesce. Bien après que la porte s'est refermée il remarque sur le dossier de la chaise la veste qu'elle a oubliée. L'affreuse normalité de cette veste dans la chambre d'hôpital.

Soudain une frénésie de mots. Une fureur. L'impatience, comme aux jours inspirés de sa jeunesse.

J'ai envie de te faire connaître l'amoureux que j'ai été. Je ne suis pas certain que ce soit la priorité de ce qu'un père doit transmettre à sa fille, mais le temps me manque, l'inspiration est là, et je doute d'être un père tel qu'il convient de l'être.

La première femme par laquelle j'ai été attiré a été ma maîtresse de CM1. Sa façon de passer dans les rangs m'asséchait la bouche, sans que je comprenne pourquoi. Vers la fin de l'année – j'avais répété cette scène des centaines de fois – j'ai traîné dans la classe au moment de la récréation. Je lui ai parlé de la cabane que mon père venait de construire pour moi dans les arbres. J'ai réussi à aligner les mots dans l'ordre prévu, mais une fois prononcés ils avaient perdu tout intérêt. J'ai espéré malgré tout qu'elle m'aurait compris. Elle m'a juste dit que c'était *très bien*, que je devais me dépêcher de retrouver les autres dans la cour si je voulais profiter de la pause.

L'année suivante j'ai été fasciné par une femme qui venait chercher son fils à l'école en voiture de sport, dont elle sortait parfois pour parader sur le trottoir dans des tenues que ma mère jugeait indécentes. Je rêvais qu'elle m'apprenait à conduire ; mes jambes se collaient aux siennes pour atteindre les pédales, mon souffle s'accélérait dans ma poitrine, et je ne comprenais pas pourquoi ces images s'imposaient à moi avec une telle intensité.

C'est ensuite une fille à la peau mate, dont le grain donnait l'impression qu'elle avait en permanence la chair de poule, qui m'a subjugué pendant les quatre années du collège. Je n'ai jamais osé lui adresser la parole, ni même fixer son visage. Je me suis contenté de vénérer chaque parcelle de peau qui dépassait de ses vêtements : nuque, bras, mollets, naissance du cou, chevilles.

En première je suis tombé amoureux d'une redoublante. Comme elle jouait au tennis, je me suis débrouillé pour devenir son partenaire. À la fin de nos matchs on s'asseyait sur un muret à côté des vestiaires, elle me racontait ses amours avec des garçons plus âgés. Je lui confiais le désarroi dans lequel me mettait la séparation de mes parents, elle me rassurait en me disant que ça arrivait à tous les couples.

À vingt-trois ans, j'ai éprouvé mon premier coup de foudre, et il a été réciproque. La réalité se montrait enfin à la hauteur des promesses entrevues dans l'enfance. Mais très vite l'idée que notre histoire s'arrête m'a ôté toute joie de vivre. Je suis devenu suspicieux, blessant, agressif. Je ne me reconnaissais plus. J'ai pensé que je n'étais pas de ceux qui sont capables de vivre un grand amour, et j'ai mis fin à notre relation. Deux mois après je l'avais oubliée.

Sept ans plus tard il y a eu ta mère.

Il repose le stylo. Un sentiment de honte l'empoisse. Pourquoi avoir conclu son énumération par l'évocation de Nathalie alors que toute son inspiration découlait du souvenir d'Angélique ? Avait-il le droit d'ajouter cette trahison-là à toutes celles dont il s'est rendu coupable ?

Il s'applique à empiler les pages du calepin sur les précédentes, à en faire coïncider les bords avec l'angle de la table. Puis il traîne une chaise jusqu'à l'entrée de la cabane, recouvre de feuilles mortes les traces de ses vomissures. Le soleil a basculé derrière les murs, la tôle du toit découpe une zone d'ombre à l'abri de laquelle la touffeur d'août s'avère plus supportable. Il s'assied. À l'intérieur, dans son couffin, Béatrice dort. Il n'aperçoit que le haut de son crâne, quelques boucles de ses cheveux. Peu à peu la sensation lui vient qu'avec la liste de ses amours, même maladroite, il est parvenu à transmettre à sa fille quelque chose de lui qui s'apparente à une forme de vérité.

Pour la première fois depuis le diagnostic du médecin, malgré la perspective de l'obscurité prochaine, malgré les bruits alarmants qui montent de la forêt, la peur reflue.

Il se retourne sur le matelas, incapable de dormir. Il triture l'avenir comme s'il ne se résumait pas à quelques mois. Cinq, maintenant, au mieux. Sur le dos de sa main, la perfusion a généré une tâche bleuâtre, presque noire.

C'est immense, cinq mois. Pour cinq mois encore il lui sera donné de voir Angélique franchir la porte, déposer sa veste sur le dossier d'une chaise. Poser sa paume sur l'hématome boursouflé.

Hier avant de partir elle s'est retournée. Elle a dit : *Je reviens demain*. Il s'est demandé si elle avait hâte, elle aussi.

Il faut que je te parle de ta mère

Il raye les mots qu'il vient d'écrire, comme s'il redoutait que Béatrice les découvre. Il les raye si fort qu'il transperce le papier. Ce n'est pas assez. Il déchire le haut de la feuille, réduit la phrase en morceaux qu'il porte à sa bouche. Sa salive dissout l'encre, le début des aveux. Il hoquette, sa langue s'alourdit comme s'il mâchait du plâtre, sa gorge refuse le passage des morceaux déchiquetés. C'est bien : s'il vomit, l'acidité de la bile achèvera le travail de destruction.

Il ne vomit pas. Il réussit à avaler la moitié de la bande de papier. Il choisit les mots qu'il ingurgite. *Il faut. Mère.* Les autres sont moins dangereux. Il les disperse sur le tas de couches sales, derrière la cabane.

QUATRIÈME JOUR

Le corps secoué comme dans les nuits d'ivresse. Les mêmes remords hallucinés, en boucle. La certitude de n'avoir pas été à la hauteur. D'être démasqué. Il s'endort par à-coups. À chaque réveil il appelle Angélique, qu'elle lui apporte de quoi écrire. Tant pis si ses cris effraient Béatrice. Angélique l'entend. Elle dispose sous sa nuque un traversin, déploie un plateau qui fera office de bureau. Elle a pensé aux feuillets, au stylo – jusqu'au verre d'eau pour soulager la soif. De la main elle lui caresse le front, les joues, en extirpe toute douleur. Il voudrait lui demander pardon pour l'état de la cabane, la crasse du sol où elle salit ses genoux.

Elle s'est installée devant la porte pour le laisser écrire, le dos revêtu de la veste qu'elle portait le jour de leur première rencontre. Elle feuillette le calepin, chaque anecdote de voyage lui arrache une grimace méprisante. Ses épaules se soulèvent. Elle juge avec sévérité les symboles météorologiques qui ornent chaque angle supérieur droit.

Bientôt il sera mort. Angélique se mariera, divertira l'élu en lui racontant le désir morbide qu'elle avait éveillé, plus jeune, chez un de ses patients ; la manie qu'il avait, avant sa maladie, de consigner des événements de ses voyages dans un calepin, de représenter la météo de ses départs. *Tu crois que le jour où il a quitté sa femme, il a noté le temps qu'il faisait ?* L'élu rit. Renverse Angélique sur le lit. Ils font l'amour.

Il crie pour interrompre leurs gestes, pour jurer que non, il n'a pas rempli le calepin la nuit de sa fuite. Ce n'était pas lui qui le remplissait, c'était Nathalie. Ce n'est pas pour ça qu'il l'a emporté. *Pourquoi alors ?* Il ne sait quoi répondre à cette question de l'élu. Assise sur le lit, vaguement contrariée par l'interruption du coït, Angélique paraît attendre elle aussi ses arguments. Son expression montre qu'elle accorde aux justifications qu'il apportera une importance extrême. *Je ne sais pas.* Elle crie, les traits métamorphosés par la colère. *Si, tu sais.*

Il se réveille, le dos gras d'une sueur glacée. Pas de traversin sous sa nuque, de papier à côté de lui, de verre d'eau à portée de main. Pas d'Angélique dans la cabane. Seule subsiste la certitude d'un homme dans sa vie future, l'inéluctabilité de ce dénouement après sa mort. L'éveil n'efface pas ce cauchemar-là.

Toute la nuit il a réfléchi à cette phrase. Il l'a prononcée dans le vide, tentant par tous les moyens d'anticiper l'impact qu'elle aurait sur sa destinatrice.

Vous voulez bien m'accompagner dehors ? Angélique interrompt le geste qu'elle effectuait pour déposer sa veste sur la chaise. *On y va !* Son acquiescement est immédiat, enthousiaste, comme si elle avait espéré la proposition. Elle parvient à ne montrer aucune inquiétude quand il se lève. Elle a des gestes adroits pour débrancher la perfusion. *Je pensais que je devrais l'emmener avec moi.* Elle sourit. *Ce n'est pas indispensable. Mais si vous y tenez…* Il sourit. Il n'y tient pas.

Ils avancent côte à côte dans le couloir de l'hôpital. Elle adapte son allure pour ne pas donner l'impression qu'elle ralentit pour lui. Il aurait dû l'attendre avec les vêtements qu'il portait le jour de son admission. Auraient-ils eu l'air d'un couple s'il n'avait pas marché à côté d'elle vêtu du pyjama bleu de l'hôpital ? Les autres patients se seraient-ils laissés duper ?

Ils trouvent deux chaises dans la cour. Angélique sort de son sac une cigarette. *Ça ne vous dérange pas ?* Il remonte le cours de ses souvenirs pour trouver un instant semblable à celui-ci, avant les désillusions amoureuses, avant la disparition du parc et de l'hôtel. Avant Nathalie.

– Un jour, je devais avoir neuf ou dix ans, j'ai accompagné mon grand-père en randonnée. On se promenait souvent ensemble, l'été. On s'était écartés du parcours prévu. On était probablement perdus, même si à l'époque l'idée ne m'a pas effleuré ; je ne pensais pas que les adultes pouvaient être faillibles. J'avais l'impression de découvrir des territoires inaccessibles. On a débouché sur une clairière dans laquelle se trouvait une cabane en piteux état, à moitié engloutie par les arbres… quelques planches, pas de fenêtre, un toit en tôle rouillée. Le fait qu'elle tienne encore debout relevait du miracle.

Angélique l'écoute. Personne ne l'a écouté avec une telle attention depuis des années. *Je m'étais juré que j'y emmènerais mes enfants, un jour.* Elle n'ose pas le regarder. Elle fixe les branches d'un saule dont les pointes balaient le sol. Ceux qui n'ont personne pour les accompagner dans le parc les contemplent avec envie depuis leur chambre.

Peut-être qu'il n'est pas trop tard ? Il espère qu'elle tournera la tête vers lui, qu'elle s'excusera de ce mensonge. Il pourrait la détester pour les mots qu'elle vient de prononcer, il n'y parvient pas. Angélique paraît totalement absorbée par les mouvements du saule, elle semble même avoir oublié sa présence. Elle ajoute, quelques minutes après : *C'est loin d'ici ?* Il prend sa main. Il a conscience de son état, de son apparence, mais il prend la main d'Angélique dans la sienne. Elle ne la retire pas.

Il lui indique l'endroit.

Il prépare le biberon du déjeuner. L'insomnie de la nuit alourdit son bras. Tout à coup lui vient le soupçon qu'Angélique n'a pas existé ; qu'elle a été le produit des cachets, des prophéties du médecin, de la proximité de la mort. Il ne parvient pas à se rappeler ses traits, toutes ses tentatives pour la faire apparaître mentalement échouent. Même dans son cauchemar, elle n'avait pas de visage. Il tremble. Le lait se renverse, compose au pied de la table une figure dont les contours ne lui évoquent rien, vite absorbée par la poussière au sol.

Béatrice se réveille, peut-être parce qu'il a poussé un cri quand le biberon est tombé. Elle l'appelle, il aurait voulu qu'elle dorme plus longtemps pour lui laisser le temps de traquer Angélique, de raviver des preuves incontestables de son existence.

Il nourrit sa fille. La bouche minuscule se crispe sur la tétine, les pupilles dilatées par un enthousiasme effrayant. Béatrice agite les jambes. Ses pieds fouettent les mollets de son père, lui font mal. *Calme-toi.* Il répète ces deux mots, d'abord avec brusquerie, puis jusqu'à ce qu'il trouve la bonne intonation. C'est lui alors qui s'apaise, qui profite du corps de Béatrice contre le sien, des gargouillis qu'il perçoit sous la peau de son ventre, du sentiment de paix procuré par les parois tourmentées de leur refuge.

La pharmacienne agite sous ses yeux le biberon vide, devant un présentoir de crèmes solaires en promotion. *Vous vendez de la morphine ?* La question lui a échappé. Il sait bien que non, il n'a pas d'ordonnance. La pharmacienne hésite maintenant à lui rendre le biberon, elle prend conscience de la fièvre dans ses yeux, de ses joues exsangues, de la maigreur de ses bras.

Uniquement sur prescription, monsieur. L'effort qu'elle accomplit pour en rester là crispe son visage. Le biberon produit un bruit sec quand elle le dépose sur le comptoir. Il demande si un frigidaire est nécessaire pour conserver la poudre de lait. *Ce n'est pas la peine.* Il prend quatre boîtes d'un kilo chacune, de quoi tenir bien au-delà du temps qui lui est imparti. La pharmacienne entasse la commande dans un sac plastique, dont le poids lui arrache une grimace quand il l'empoigne.

Ça va aller, monsieur ? Sa sollicitude sonne comme une menace. Il aurait dû se faire plus discret. Ne pas déranger l'ordre des choses. La pharmacienne n'est pas de celles qui tolèrent qu'on attente à l'ordre des choses ; qu'on réclame de la morphine sans ordonnance ; qu'on achète des boîtes de lait en poudre qu'on peine à transporter, en quantité suspecte. *Ça va aller, ne vous inquiétez pas.* Elle contourne le comptoir, s'approche de lui comme pour s'interposer entre la porte et l'obscénité de ce corps qui peine à survivre sous ses yeux. Elle va lui réclamer des comptes. *Je vous ouvre.*

La voiture est garée devant la pharmacie. Va-t-elle penser à relever le numéro ? Dans le coffre, le couffin acheté la veille en grande surface. Il ne faut pas qu'elle le voie. *Ça va aller, ne vous inquiétez pas.* Le bras de la pharmacienne qui tient la porte lui fait encore obstacle. Elle le dévisage, comme si elle voulait mémoriser ses traits, ou le retenir. Finalement elle le laisse passer.

Au revoir monsieur. Il incline la tête. Ne répond rien. Attend qu'elle ait regagné le fond de la pharmacie pour déposer le sac dans son coffre, à côté du couffin, des réserves d'eau minérale et de quelques rechanges.

Ça va aller, ne vous inquiétez pas. La dernière phrase qu'il adresse à un adulte. Dans quelques heures il n'aura plus que Béatrice à qui parler. Sa dernière phrase, un mensonge.

Sous la plante de son pied une douleur différente de celles auxquelles il est accoutumé. Il gémit, son propre cri le répugne. Une écharde s'est fichée dans sa chair. Il boite jusqu'au seuil de la porte, sa démarche amuse Béatrice qui bat des mains. Elle le suit à quatre pattes.

Il s'assied en tailleur, tente d'approcher son visage de son pied pour localiser l'écharde. L'indigence de ses muscles, l'absence de chair sur ses fesses rendent la position difficilement supportable. La souplesse lui manque. S'il insiste, son genou pourrait se briser. Les tendons de la cheville saillent comme s'ils menaçaient de se rompre.

Il fronce les sourcils, le soleil l'aveugle, ses doigts tremblent. La plante de son pied est couverte de poussière, d'herbes, d'ecchymoses. Il crache sur son index, une salive rare et rance, nettoie la zone où l'écharde s'est fichée. Béatrice l'a rejoint, elle veut voir ce qu'il regarde. Elle prend appui sur la jambe qu'il a repliée sous lui ; son poids dérisoire suffit à le déséquilibrer. La contraction qu'il a pour ne pas tomber lui déchire le dos, il gémit à nouveau. Béatrice ne manifeste ni surprise ni dégoût. Elle fixe la parcelle de chair paternelle débarrassée de sa crasse avec fascination.

Il parvient à saisir l'extrémité de l'écharde entre le pouce et l'index ; quand il l'extirpe, elle se brise. La pointe demeure prisonnière sous la peau. Béatrice appuie sur le bras son père pour approcher de ses yeux le trophée incomplet. *Que va-t-on devenir si je ne peux plus marcher ?* Elle se moque de sa question, tente d'attraper le morceau d'écharde entre ses doigts. Machinalement, il l'éloigne sans le mettre totalement hors de sa portée. Ainsi ils jouent, quelques minutes, tandis qu'il reprend son souffle, cherche à mesurer le niveau de douleur causé par le corps étranger dans la plante de son pied.

Bien plus tard, bien trop tard, il réalise que l'écharde aurait pu blesser Béatrice. Il y en a d'autres dissimulées sous la poussière du sol, tapies sur les murs ou aux abords de la maison. Il n'a aucun médicament pour désinfecter une plaie, il n'y a pas pensé à la pharmacie.

Pourquoi je t'ai emmenée ici ? La gorge de Béatrice émet ce rire rauque qui l'émeut, pendant qu'elle continue à pourchasser de ses doigts malhabiles l'écharde qu'il fait danser autour d'eux. En dernier recours, il y aurait la morphine.

Pardonne-moi. Il la laisse s'emparer de l'éclat de bois qu'elle convoite. Le rire de Béatrice se mue en cri de triomphe. Elle la porte à sa bouche. *Non !* Il lui reprend l'écharde. Elle pleure. *Pardonne-moi*, répète-t-il, incapable de la consoler.

Avant même d'avoir posé sa veste sur la chaise, Angélique lui tend un sachet. *Vous ferez infuser ça ce soir. Vous le boirez avant de vous endormir.* Il voudrait la questionner, elle lui fait signe de se taire. Il n'insiste pas.

Aujourd'hui elle ne reste que quelques minutes dans la chambre. La manière dont elle s'est assise l'a découragé de lui proposer une nouvelle sortie dans le parc. Lorsqu'elle part, le soleil traverse la fenêtre à la verticale, embrase sa silhouette contre le flou de la porte. Avant de disparaître, comme si elle avait attendu le dernier moment, elle insiste : *Vous le boirez, hein ?*

Il ferme les yeux. Les contours d'Angélique persistent sous ses paupières bien après son départ. Son imagination vagabonde autour des démarches qu'elle a accomplies pour dénicher la potion. Une tante sorcière ? Un médecin adepte des thérapies alternatives ? Sa tisane préférée ? Qu'a-t-elle dit à la personne qui la lui a remise ? *C'est pour un homme qui va mourir ? Un de mes patients auquel je me suis attachée ? Un pauvre type qui en trois mois n'a reçu aucune visite, pas même de l'enfant qu'il prétend avoir ?* Il se laisse aspirer par le sommeil. La sensation d'engloutissement est si profonde qu'elle ressemble à la mort.

Pour guérir l'homme que je me prends à aimer ?

Béatrice se réveille de sa sieste en pleurant. Il ne parvient pas à se lever pour la prendre dans ses bras. Il essaie de l'appeler, aucun son ne franchit sa gorge. Il en chiale, de ne plus pouvoir se lever. Leurs deux corps si proches empêchés dans l'espace contraint de la cabane.

Béatrice s'est réveillée. Comme lui cette nuit, elle a fait un cauchemar. Elle pleure. Alors il se lève, bien sûr. Il y parvient. Sous son pied, la douleur explose à l'endroit où l'écharde s'est fichée. La douleur ne l'empêche pas d'avancer vers sa fille. En dépit de sa faiblesse, il est encore capable de ça : avancer jusqu'à elle et la prendre dans ses bras. Il lui souffle, tant pis si son haleine empeste, des comptines de réconfort et d'amour. Elle se rendort, le front appuyé contre son coude.

Béatrice lui est lourde. Mais pour quelques heures encore, il se sait capable d'être son père.

Il la contraint à assister à sa déchéance. Elle travaille, lui la reluque. Bave, à défaut de bander. Son sexe n'est plus qu'une tache chaude entre ses jambes, un reste de chair suintant. Pourtant il s'acharne à accroître ses torts envers Nathalie, à fantasmer depuis son hospitalisation une romance mortifère avec la première fille qui se sépare de sa veste sur le dossier d'une chaise.

Il déglutit avec difficulté. Ce matin, même tendre le bras pour quémander les cachets lui est douloureux. Angélique les lui pose dans la main comme si elle ne remarquait rien, sans se départir de sa bienveillance. Il ne soupçonne rien de ce qu'il lui en coûte de faire ainsi semblant ; de se prêter au jeu de la séduction dans cette pièce cernée par la mort, quand tout l'appelle au dehors – l'été ; un fiancé, probablement ; la perspective des congés.

Bientôt elle sera en vacances. Il n'ose pas lui demander quand, ni pour combien de temps. Il ne supportera pas de ne plus la voir. Qu'à son retour elle doive faire comme si elle ne remarquait pas les progrès de la maladie. Il doit fuir, comme il a fui en décembre. Retrouver la cabane.

Honorer au moins une des promesses de l'enfance, celle formulée dans le dos du grand-père. Angélique elle-même l'y a encouragé.

Le matin du départ, je n'avais rien décidé. Jusqu'au moment où j'ai démarré la voiture je ne me pensais pas capable de partir réellement.

Le soir j'ai quitté le lit sans réveiller ta mère. Dans la salle de bain j'ai pris la trousse de voyage sans en vérifier le contenu, récupéré parmi le linge sale quelques vêtements au hasard. J'étais convaincu que ta mère entendrait la porte s'ouvrir – elle produisait un grincement particulier auquel j'avais promis de m'attaquer depuis notre emménagement sans jamais le faire. J'ai eu envie de m'y mettre cette nuit-là : ça aurait été une forme de compensation à mon envie de défection – ça aurait laissé plus d'opportunités à ta mère de se réveiller, de s'opposer à mon départ.

Tu souris. Tu doutes qu'une femme, *a fortiori* une femme comme ta mère, puisse éprouver l'envie de retenir un homme tel que moi. Tu as raison. Peut-être qu'elle s'est réveillée et qu'elle ne s'est pas interposée, qu'elle est demeurée tendue dans le lit en priant pour que le claquement de la porte advienne. Je n'avais jamais songé à cette éventualité qu'elle aurait pu souhaiter mon départ. Qu'elle a redouté que je la rejoigne dans le lit conjugal.

Je suis revenu sur mes pas. Dans l'appartement. Dans notre chambre. J'ai pris sur la commode le cahier où je liste depuis l'adolescence tous les livres que je lis – pas de commentaire sur mes impressions, juste le titre, le nom de l'auteur et la date. J'ai toujours aimé les listes sèches.

La porte a grincé quand je l'ai refermée derrière moi : personne ne l'a rouverte avant que j'aie atteint l'ascenseur. Aucune fenêtre n'était allumée dans l'appartement quand je suis arrivé au parking. Je me suis installé au volant.

J'ai dû garder cette position plusieurs minutes. Même si la scène m'apparaît infiniment plus lointaine que mes souvenirs d'enfance, je crois pouvoir te promettre que je ne pensais pas réellement à partir. Je voulais juste ça, m'offrir la possibilité de le faire. Peut-être perdre la nuit à parcourir les titres de mes lectures passées, en faisant défiler dans l'habitacle mes chansons préférées. Nathalie serait venue me chercher à l'aube, concentrée pour dissimuler l'inquiétude que lui causait mon comportement.

Je ne cherche pas à te faire croire que je suis parti pour l'alléger de ma présence. Je n'ai pas cette excuse-là.

J'ai tourné la tête pour prendre mon cahier de lecture – je l'avais posé avec la trousse de toilette sur le siège passager. J'ai vu, dans la boîte à gants notre carnet de voyage et la carte routière de l'Italie. J'ai tourné la clef dans le démarreur.

Je ne me suis pas fait croire longtemps que je roulais vers l'Italie. Le calepin et la carte n'avaient été que les déclencheurs. L'Italie de mon enfance n'existait plus, je n'avais aucune raison d'y retourner.

Au premier feu j'ai éteint mon téléphone. Au dernier rond-point avant l'autoroute j'ai bifurqué vers une nationale. J'ai compris que je partais pour de bon, puisque je m'appliquais à ne pas laisser de traces.

Pendant la première heure j'ai été envahi par un sentiment de liberté si violent que je l'ai cru capable de me guérir de ma dépression – comme j'avais cru ta mère capable de m'en débarrasser. Je roulais vite, je croisais peu de voitures. Les villages que je traversais étaient déserts, des théâtres où j'étais libre d'interpréter à ma guise une vie nouvelle.

Cet enthousiasme n'a pas duré.

Je n'avais aucune destination en tête. Je voulais mettre entre l'appartement et moi le plus de distance possible. M'arrêter dans un lieu vierge de tout souvenir.

À l'aube j'ai atteint une zone commerciale. J'avais roulé plus de huit heures. J'ai garé la voiture sur le parking d'un motel, je me suis endormi sur mon siège. À midi j'ai loué une chambre pour une semaine. J'ai payé en liquide, mais le réceptionniste m'a demandé ma carte d'identité. Aucune idée ne m'est venue pour refuser de la lui donner.

J'ai monté dans la chambre la trousse de toilette, le cahier de lecture et les effets que j'avais piochés dans la panière à linge sale. Il y avait un sous-vêtement de ta mère, le voir ne m'a causé aucun remord. J'ai tout lavé. Je suis allé déposer le slip de ta mère dans le coffre de la voiture, pour ne pas l'avoir sous les yeux : je me suis aperçu que j'y avais laissé la sacoche contenant mon ordinateur. Pendant quelques secondes cette découverte m'a rassuré. Avec l'ordinateur, je serais moins coupé du monde. Ça n'a pas duré. J'ai refermé le coffre sur la sacoche et le slip. Ils doivent toujours s'y trouver.

De retour dans la chambre je me suis allongé sur le lit. J'ai mis en marche une chaîne d'information en continu. Pendant quatre mois, je n'ai fait que ça : regarder la télévision, parcourir la zone commerciale à n'importe quelle heure, et à partir de mon cahier de lecture me remémorer le contenu de chaque livre que j'avais lu, avec le plus de détails possible – un exercice purement mécanique, absolument dénué des émotions que m'avaient procurées les textes.

Je payais le motel et mes repas avec ma carte bleue. Je me suis aussi acheté quelques vêtements, pour m'adapter au changement de saison. J'ai pensé que ta mère ne me cherchait pas vraiment. Que c'était bien ainsi.

Après une dizaine de jours j'ai allumé mon téléphone. J'ai appris que tu étais née le 3 janvier, que tu t'appelais Béatrice. J'ai éteint le téléphone. Je suis allé marcher dans la zone commerciale.

Je ne peux pas prétendre que j'ai pensé à toi. Je n'ai pensé à rien jusqu'à ce que les douleurs et la fatigue me conduisent au cabinet d'un médecin.

CINQUIÈME JOUR

Il s'est assis sur le seuil de la porte, le corps de Béatrice endormi contre le sien. Les peaux s'accolent malgré la différence de texture. Du dos de la main il effectue un va-et-vient sur la cheville de sa fille, si lent qu'il forme à peine une caresse. Dans une fête foraine on lui a prédit qu'avec une ligne de vie si courte il ne ferait pas de vieux os.

L'idée du geste qu'il envisage d'accomplir le glace. Il le fait, pourtant : saisit entre ses doigts malades la main de Béatrice, la retourne pour ausculter la paume. La ligne de vie s'étire jusqu'au poignet. C'est idiot, mais il est soulagé.

Puis juste après : envieux.

Comment va Béatrice ? Les joues de Nathalie creusées par l'angoisse de s'être fait voler sa fille des mains mêmes de celui qui s'est enfui avant sa naissance. Le teint cireux, comme absente à elle-même.

Comment va Béatrice ? Elle répète, il ne répond pas. Il ne comprend pas comment elle les a retrouvés. Il fait obstacle de son corps, son corps d'agonisant pour l'empêcher de pénétrer à l'intérieur de la cabane. Il se revoit, enfant, pareillement empêché par le dos du grand-père.

Il voudrait qu'Angélique se tienne devant la cabane. Angélique, il la laisserait entrer. Ils s'assiéraient en tailleur à côté du couffin, elle aurait des gestes doux pour prendre Béatrice dans ses bras. *Vous voyez que vous avez réussi.* Elle poserait sa main sur son bras. Ils formeraient une famille.

Il murmure : *pars !* Nathalie ne part pas. *Je veux la voir.* Jamais il n'aurait osé contester un ordre du grand-père. Il serait parti, si on le lui avait ordonné. Comment se permet-elle ? Où trouve-t-elle la force ? Les yeux de Nathalie le traversent, traquent les traces de Béatrice dans l'espace resté libre entre son corps et l'entrebâillement de la porte.

Angélique était la seule à connaître l'emplacement de la cabane. C'est à ça qu'ont servi les promenades dans le parc de l'hôpital, les confessions sous les saules : à le trahir.

Cinq jours, c'est long. Il hausse les épaules, comme si plus rien de la situation ne le concernait. Il voudrait juste que Nathalie ne soit pas là. *Sois raisonnable. Laisse-moi au moins la voir*. Elle fait un pas vers l'intérieur. Il n'a aucune force à lui opposer, aucune capacité à la repousser. Il suppose qu'elle n'osera pas le toucher.

Elle s'immobilise à quelques centimètres de lui. Combien de fois se sont-ils retrouvés à cette distance avant de s'enlacer ? L'idée même qu'il ait pu l'embrasser lui paraît une hérésie. Un événement plus lointain que l'enfance, plus irrémédiablement perdu.

S'il en avait le pouvoir, il échangerait la mort de Nathalie contre la sienne. Il n'hésiterait pas. L'évidence de cette pensée le fait vaciller, il recule de deux pas pour rétablir son équilibre. Elle en profite pour entrer. *Où est-elle ?* Il tend l'index vers le couffin. Remarque l'effroi dans les yeux de Nathalie. Il n'ose pas regarder dans la direction qu'il vient d'indiquer. Il sait trop ce qu'il y découvrirait.

Elle n'est pas venue seule. Elle entraîne ceux qui l'ont suivie, les supplie de faire attention à Béatrice quand ils l'emporteront. Combien sont-ils ? Sept ? Dix ? Ils fouillent le contenu des sacs plastique, s'indignent, s'encouragent, rient, jurent. Ils ont emporté avec eux des bières qu'ils décapsulent et dont la mousse est absorbée par le sol en terre battue.

Ils trouvent les feuillets à l'angle de la table. *Venez*

voir. Ils les retournent, s'agglutinent, se bousculent pour apercevoir son écriture tremblée, ses confessions pitoyables. Ils n'oseront pas les lire. Nathalie le leur interdira.

Ils lisent. Il ne reconnaît aucun des mots qu'il a écrits pour Béatrice. Dans leurs bouches tous sonnent faux, le trahissent. Quelqu'un passe son bras autour des épaules de Nathalie, pour la consoler.

Elle le détestera quand elle sera grande. Quand elle aura compris. Ils sont déjà dehors, pourtant il les entend. Il sait qu'ils ont raison. Ils emmènent Béatrice, lui dénient toute possibilité de se faire connaître de sa fille. Maintenant ils clouent la porte de l'extérieur, les coups retentissent jusqu'à ses os. Autour de lui avant de partir ils ont répandu les feuillets déchirés, pour qu'il crève au milieu du seul héritage qu'il prétendait léguer.

À leur place, il aurait fait de même.

Il se penche au-dessus du couffin de Béatrice. Il la regarde. Il a l'impression d'avoir passé sa vie à la regarder, à s'être tenu ainsi penché au-dessus d'elle. Il s'attarde au haut de la nuque, aux cheveux rendus poisseux par l'absence de shampoing. Les cauchemars impliquant Angélique et Nathalie s'estompent. L'aube déborde entre les planches disjointes de la cabane, souligne l'indigence de l'endroit : pourtant tout à l'heure, il tiendra sa fille dans ses bras, peau contre peau. Il ouvrira la porte en grand ; elle clignera des yeux. Juste avant, elle lui aura souri, puis tendu la main. Ça ressemblera à ce qu'il avait imaginé dans sa vie d'avant décembre, d'avant la maladie.

Le tissu du vêtement se soulève imperceptiblement : en se concentrant sur la respiration de Béatrice, il peut entendre son souffle, à intervalles réguliers.

Dans une semaine il sera mort.

Il prend sa décision après le départ d'Angélique. Ça aurait été trop dur d'anticiper la date, de la voir disparaître de la chambre en sachant que c'était la dernière fois. Est-ce qu'il en sera capable ? Physiquement capable ? Le reste ne compte pas. La raison. La morale. La maladie. Il faut juste que le corps tienne.

Le corps tiendra. Angélique le lui a promis. Il sera capable de mobiliser l'énergie vitale dont a parlé le médecin, celle qui offre des rémissions, qui échoit aux élus, aux courageux. Aux désespérés. Il a bien fui l'appartement et Nathalie, en décembre.

Il se tient debout, dans la chambre de l'hôpital. Il retire la perfusion de son bras. Enfile les vêtements qu'il portait le jour de l'admission, glisse dans une poche les cachets de morphine qu'il a thésaurisés depuis qu'il a pris la décision de retrouver la cabane. Il s'appuie au dossier de la chaise, celle sur laquelle Angélique déposait sa veste. Il doit se réhabituer au poids des vêtements sur ses épaules ; à l'angoisse de la liberté qu'il s'offre. Par la fenêtre de la chambre il vérifie que sa voiture est toujours stationnée à l'emplacement où il l'a laissée trois mois plus tôt devant le motel. Il s'était demandé qui la déplacerait, après sa mort. Il avait pensé que la zone commerciale serait le dernier paysage qu'il verrait. Il est fier du pied de nez qu'il adresse aux insinuations du médecin.

Il longe le couloir, emprunte l'ascenseur, sort de l'hôpital. Personne ne le retient. Il marche jusqu'au parking, s'encourage à voix basse quand le corps faiblit trop, serre les dents, les poings, prend appui contre le premier mur venu, un tronc d'arbre, la portière d'une voiture. Il le fait : il parcourt la distance qui sépare l'hôpital du parking. Il est doté, lui aussi, d'*énergie vitale*.

Il ouvre la portière, s'installe derrière le volant. Il avait renoncé à croire qu'il accomplirait encore ces gestes, il s'en rend compte aux tremblements qui s'emparent de tout son corps. Il tourne la clef dans le démarreur, persuadé que le véhicule n'obéira pas, que quelque chose s'interposera entre son projet et lui. Pourtant le moteur s'enclenche.

Il débraie. La voiture roule. Il conduit. Il ne pense à rien. N'écoute aucune autre musique que le chuintement des pneus sur l'asphalte, le souffle des véhicules qu'il croise. Il parcourt à rebours le trajet accompli sept mois plus tôt, quand il n'était ni père ni condamné. Il ne met pas plus de temps qu'à l'aller.

Il s'adosse à la porte, protégé du premier soleil par l'avancée du toit. Il fixe la clairière, son herbe jaunie sous les assauts de l'été, la masse compacte des arbres à quelques mètres.

L'opinel à nouveau dans sa main. Il incise la peau du pied, à l'endroit où la brisure d'écharde a formé un œdème. Le sang jaillit, étrangement vif et clair. Avec la pointe il charcute sous la chair, insensible à la douleur, aux risques d'infection. Enfin il libère l'éclat de bois, s'en empare entre l'ongle de l'index et celui du pouce. Autour de son pied il noue un mouchoir sale.

Tout son corps se met à trembler. Les arbres en face de lui ondoient. Derrière l'orée, une accumulation de menaces qu'il ne discerne pas, qu'il n'est pas en mesure d'évaluer. Pourtant c'est ce qu'il a voulu, cette scène exacte dos à la baraque, son enfant endormie à l'intérieur. Les arbres. Est-ce que sans les tremblements, les douleurs et la crasse, ça aurait été différent ?

Les troncs se stabilisent, écrasés de chaleur. Maintenant il perçoit des bruits en provenance de la forêt. Des crissements. Le balancement des feuilles. Des chants d'oiseaux. Des bêtes se poursuivent, s'enfuient, s'entre-dévorent.

Guettent l'instant où elles pourront lancer l'assaut. Il ne connaît rien à la nature. Il n'a rien eu le temps d'apprendre, dans l'autre cabane que lui avait construite son père dans le bosquet.

Il pousse le volet sur une nouvelle journée, qui s'annonce morose jusqu'au moment où il retrouvera la cabane. L'automne aura dégarni les branches de quelques feuilles, il entrapercevra la maison familiale en contrebas. S'il se concentre, il distinguera peut-être les volets de sa chambre, celui dont ses doigts caressent en ce moment la matière. Cette promesse allège la perspective des heures longues dans la salle de classe, la disparition précoce de la lumière du jour.

Son cœur se serre avant qu'il comprenne ce qui a changé dans le paysage qu'il a sous les yeux. Des barbelés. Des barbelés apparus dans la nuit qui interdisent l'accès au parc. Il se souvient des mots du jardinier, la veille : *C'est une propriété privée.* Sa mère avait entendu, elle avait répondu avec une intonation qu'il ne lui connaissait pas : *Mon fils ne fait rien de mal.* Le jardinier s'était éloigné en menaçant de clôturer le site.

Elle lui a promis que rien ne changerait. Le jardinier ne mettrait pas sa menace à exécution. Pour l'éternité il lui serait offert de dévaler le champ en hiver, de faire du bosquet son royaume le reste de l'année. La seule règle était de ne pas s'approcher du manoir.

Il l'a crue. Il ne s'est pas approché du manoir. Pourtant, ce matin, les barbelés. Ses doigts se crispent sur les volets. Ses yeux demeurent secs. Il lui reste l'Italie.

Au commencement de ma vie professionnelle, j'ai vécu trois ans dans une ville où je ne connaissais personne. Chaque jeudi soir, je me rendais dans un cinéma qui ne comptait qu'une salle. Nous n'étions jamais plus de dix. Souvent trois ou quatre. On se saluait d'un signe de tête. J'étais le plus jeune, d'assez loin. On ne s'est jamais parlé.

À la fin de la séance, pour rentrer chez moi, je traversais un pont. Sur ce pont, j'ai été ému. Pas heureux ni enthousiaste – il me semble que je ne l'ai plus réellement été après la fin des étés italiens. Mais ému. Ému d'exister, de conserver l'espoir de rencontrer quelqu'un avec qui partager cette émotion.

Pendant la grossesse de ta mère j'ai eu à repasser par cette ville. C'était un jeudi. J'ai réservé une chambre d'hôtel, je suis retourné dans le cinéma. J'ai reconnu deux spectateurs, on s'est salués comme si je n'étais jamais parti. En traversant le pont j'ai éprouvé pour la première fois l'envie d'être père. L'envie de te transmettre ces bonheurs de cinéma, les promesses des soirs d'été au bord de l'Adriatique. De t'armer pour que tu sois capable mieux que moi de résister à leur disparition. Je retournerais en Italie avec toi, même si ce que j'y chercherais n'existerait plus pour moi.

Je me suis accoudé au parapet du pont

Pardonne-moi. Je n'arrive pas à poursuivre cette lettre. Trop de fatigue dans le corps, et l'angoisse de ce que je pourrais ajouter.

L'air, Béatrice, l'air des soirs d'été…

Je n'y arrive pas.

À l'extérieur, quelque chose vient de frotter contre les planches de la cabane. Béatrice tourne la tête vers l'origine du bruit, lui confirme qu'il n'a pas rêvé. Il évalue la distance qui le sépare de la table à l'aune des forces qu'il lui reste : aura-t-il le temps de se saisir du couteau ?

Il n'essaie pas. Il attend, empli de l'espoir qu'il s'est trompé. Le bruit a pu être causé par le frottement d'une branche, ou par une hallucination morphinique. Il entend crisser le sac plastique dans lequel il se débarrasse des couches et des pots de compote. Béatrice s'échappe de ses bras, claudique à quatre pattes vers le mur derrière lequel une présence les menace. Il ne parvient à prononcer aucun son pour l'arrêter.

Les bruits augmentent, comme si quelqu'un broyait le sac à dessein pour les traumatiser. Le son devient matière, fait trembler les planches, vibrer la tôle du toit, éclater les tympans. Il se roule au sol, plaque ses mains sur ses oreilles, hurle pour que tout cesse. Aucune honte ne le retient.

Il réagit enfin. Dépose Béatrice dans l'abri dérisoire du couffin, se saisit de l'opinel. Porté par une pulsion de violence qu'il ne se connaissait pas il contourne la cabane. Planter la lame dans le ventre d'une bête ou le thorax d'un homme : ça aussi il aurait aimé le faire, avant de crever. Vérifier que ça n'a rien à voir avec ce qu'il a imaginé. Il se mue en Robinson, tel qu'il s'est rêvé à dix ans. On ne le reconnaîtrait plus s'il revenait parmi les vivants. On oublierait ses spasmes et les cris qu'il a poussés sous les yeux de sa fille.

Une course furtive, l'ombre d'un animal qui disparaît dans le sous-bois. Rien de valeureux dans la taille de l'adversaire, pas même la dimension d'un chat. Le sac plastique est éventré, des lambeaux de couches dispersés sur quelques dizaines de centimètres. Il s'adosse contre l'arête du mur, là où son apparition a mis la maigre menace en déroute. Reprend son souffle. Le contact du couteau inutile contre sa paume le répugne. Il le laisse choir au sol. Il n'a pas le sentiment d'une victoire.

Il ne sait rien de la nature. Il ignore qui surveille les forêts, si même elles sont surveillées. Le niveau de dangerosité des bois, pour un bébé et un agonisant. À tout moment pourrait surgir un garde, un bûcheron, un bénévole chargé de l'entretien des chemins, qui les débusquerait. Qui lui arracherait Béatrice comme il l'a arrachée à Nathalie. L'opinel ne lui serait d'aucune utilité.

Les branches disposées sur la voiture sous l'avancée du toit pour la camoufler : dérisoire par rapport aux outils dont ils disposent pour le traquer. Tellement dérisoire qu'il se met à rire. Quand il s'entend, son rire s'interrompt d'un coup.

Il ramasse l'opinel. Rejoint Béatrice dans la cabane. Il balaie l'espace du regard, ne trouve aucun endroit où entreposer la nourriture à l'abri des rongeurs. Il y aurait le coffre de la voiture, mais il n'aura pas le courage de parcourir la distance qui l'en sépare à chaque biberon. Il se contentera, la nuit prochaine, de bloquer la porte avec le dossier d'une chaise.

Il a empli son coffre de packs d'eau et de lait en poudre. Quelques compotes, des biscuits secs, des conserves. De l'essence plein le réservoir. Il tourne la clef dans le démarreur. La lumière des réverbères paraît plus faible qu'à l'ordinaire, comme pour favoriser son dessein. Son téléphone est désactivé.

Il roule. Sept heures, sans interruption. Il aimerait que le spécialiste le voie, celui qui a mis en doute ses réserves d'*énergie vitale*. Pendant sept heures il ne pense pas qu'il pourrait ne pas retrouver le chemin. Que la cabane aurait pu disparaître pendant les vingt ans qui le séparent de sa dernière visite.

Quand il atteint la forêt, quelque chose en lui se relâche. Quelque chose qui va au-delà de l'appréhension d'être empêché. Comme si la maladie refluait. Est-il possible qu'autant d'années se soient écoulées ? Qu'il soit devenu père – un père qui ne connaît sa fille, qui ne s'est approché d'elle que par effraction, sans oser franchir la porte qui les séparait ? Il reconnaît le parking où son grand-père avait garé la Citroën. Il engage sa voiture sur le chemin étroit : les racines et les pierres secouent l'habitacle, des branches griffent le toit, les portières, cognent violemment aux vitres. Les bruits résonnent amplifiés dans l'habitacle. Il s'accroche au volant, fait vrombir le moteur pour s'extraire d'une ornière. On va l'entendre. Le chasser. Déjouer son projet.

Son front cogne contre le pare-brise, comment fera-t-il dans une semaine avec un bébé dans la voiture ? Il l'imagine hurler, ne supportera pas ses cris, calera, se prendra la tête entre les mains. L'aventure avortée.

Soudain, la clairière. La même surprise qu'alors. Plus petite que dans son souvenir, mais réelle. Et sous ses yeux, la cabane. Le sang cogne à ses tempes. Il sort de la voiture, avance jusqu'à la porte en tôle. Au-delà de cet instant, il n'a jamais osé aller. Jamais il ne se serait cru capable de s'approcher aussi près des promesses de l'enfance.

Il ferme les paupières. L'obscurité fait apparaître la silhouette du grand-père. Il s'encourage. Ouvre les yeux. Son corps est décharné, tient à peine debout. Pourtant il n'a jamais été si fort qu'en cet instant. Il pousse la porte.

Il essaie de traverser la clairière. Ça donne un but à son après-midi. C'est ce que font les Robinson : mesurer et dompter leur territoire. Les Robinson qui se raccrochent à l'idée qu'ils pourraient ne pas crever. Dont la survie ne dépend que d'eux-mêmes.

Le soleil cogne, il transpire. Les premiers arbres lui paraissent incroyablement loin. Ses pas ne l'en rapprochent pas. Ses poumons brûlent. Il croit entendre un cri d'enfant derrière lui, n'ose pas se retourner, se ruer vers sa fille. L'évidence de sa déchéance lui coupe les jambes. Il tombe. Un éclair de douleur irradie son poignet. Depuis deux jours, il a réduit les doses de morphine : il voulait être certain qu'il lui en reste assez. Surpris d'avoir survécu plus qu'il ne l'avait prévu. Les efforts qu'il vient d'accomplir le font vomir. Il est réduit à ça : un type qui gerbe au milieu d'une clairière.

Il entend les cris qui redoublent, ne reconnaît pas ceux de sa fille. Des visions d'apocalypse le submergent. L'animal qu'il pensait avoir mis en déroute est revenu, il s'en prend à Béatrice, plante ses dents dans la chair tendre des joues, là où il a déposé son premier baiser de père.

Il prend appui sur son poignet pour se relever, gémit. Tant pis, il rampe, à quatre pattes comme Béatrice, comme l'agresseur, pas mieux qu'une bête ou qu'un nouveau-né. Après un temps interminable, il atteint la porte. N'ose pas entrer.

À l'intérieur, plus aucun bruit. Béatrice dort. Il la regarde. Il aimerait qu'elle se réveille, qu'elle tende les bras vers lui. Il lui en veut de son sommeil, de son propre souffle de cadavre au-dessus du couffin, de l'héroïsme vain qu'il a déployé pour revenir à elle.

Il s'assied, concentre ce qui lui reste de force sur sa respiration pour dompter les douleurs. D'abord le ventre, puis les poumons. L'air circule. La panique reflue. Jusqu'au réveil de Béatrice, rien ne peut leur arriver.

SIXIÈME JOUR

Il s'éveille avant l'aube. Il ne bouge pas, se concentre sur les battements de son cœur, les bruits étrangers de la forêt, l'imperceptible augmentation de la lumière à l'intérieur de la baraque. Une ecchymose s'est formée à son poignet, dont elle double la taille. Toute la nuit elle a lancé des éclairs de douleur jusqu'à l'extrémité des doigts, dans le coude, l'épaule, les muscles du cou. Il palpe l'excroissance, se dit qu'il suffirait d'un rien, un geste sec, un peu de courage pour briser les os et la chair desséchée, séparer la main du reste du corps; se purger du sang malade et de cette trop longue agonie. Se dérober à la mort promise.

Béatrice se réveille. Elle pleure. Il entrouvre la porte, ça ne diminue pas les cris de sa fille. Il lui tend son biberon, elle avait faim. Elle boit en le regardant. Il détourne les yeux, ne supporte pas qu'elle ait l'air de le juger. Il aurait dû ouvrir en grand; le soleil naissant les aurait emportés. Ils auraient aperçu sans avoir à se lever, juste après la clairière, les troncs massifs des arbres que la lumière aurait rendus plus majestueux; il lui aurait inventé une histoire d'elfes tapis à la lisière, de bûcherons pacifiques, d'animaux inconnus. C'est pour ça qu'il l'a emmenée dans la forêt.

L'inspiration afflue. Tant pis pour la crasse au sol, la toux de Béatrice parce qu'elle a bu trop vite, ou parce que de la poussière s'est mélangée à la poudre de lait. Tant pis pour les difficultés qu'il éprouve à faire tenir le stylo entre ses doigts.

Il doit être un peu plus de minuit, c'est l'automne. J'ai dix-neuf ou vingt ans, c'est juste avant la mort de mon père dans un accident de voiture. Je marche dans les rues de ma ville, un quartier que je connais mal, une colline éloignée de la maison familiale. Je viens de raccompagner une fille chez elle.

À travers le vide entre deux bâtiments j'aperçois les lumières de la ville. Un orage menace. Du sol monte l'odeur de la pluie avant qu'elle tombe.

Enfant, il m'arrivait de rêver que je planais à quelques centimètres du sol ; je me réveillais avec la certitude que j'étais capable de descendre les escaliers sans effleurer les marches.

Pendant ce trajet de mes dix-neuf ou vingt ans je suis amoureux. Je vole, à nouveau. À quelques millimètres du sol.

L'histoire s'arrête là. L'histoire avec cette fille. Entre elle et moi il ne se passe rien d'autre que cette balade partagée, le retour des promesses de l'enfance à mesure que je m'éloigne de son appartement.

C'était faux de prétendre que je n'avais plus été heureux après les étés italiens. Je l'ai été ce jour-là, et quelques autres aussi – celui où le corps de ta mère s'est révélé à moi dans le viseur de ma caméra.

Je te souhaite, Béatrice, des pas ailés dans les rues.

Béatrice ouvre les yeux, aperçoit son père, sourit. Le soleil d'août claque autour de la baraque.

Ils s'allongent sur l'herbe de la clairière, lui vêtu de son seul jean crasseux, elle nue à l'exception de la couche. L'angoisse de l'instant d'après a disparu. Ne subsiste qu'un *maintenant* minuscule, sa fille qui pèse sur son torse et lui qui la regarde.

Des flocons se déposent sur son front. Il entre dans la voiture, comme il l'a prévu. Un sac sur le siège passager pour tout bagage. Il reste là, les mains sur le volant. De l'autre côté de la route, la masse d'un immeuble où clignotent des décorations de Noël, différentes des années précédentes. Il ne les reconnaît plus.

Il ne partira pas, malgré le sac à côté de lui et ce qui s'est produit dans la journée. Il baisse la tête, décide d'attendre que cinq voitures passent dans le quartier désert avant de regagner l'appartement. Il compte. À la troisième il se lasse. Il ne neige plus, l'air est doux. Il multiplie les précautions pour ne pas réveiller Nathalie, conserver pour lui seul la connaissance de ce moment où il a envisagé de la quitter. Il repose le cahier de lecture à sa place sur la table de chevet, glisse le sac sous le lit.

Un peu plus tard c'est Noël, puis la soirée du Nouvel an. Le 3 janvier Nathalie le secoue dans son sommeil. Pour une fois elle paraît s'en remettre à lui, attendre qu'il la rassure, qu'il prononce des mots d'époux et de père. Quand la sage-femme dépose le bébé dans ses bras, il éprouve une forme d'hébétude. Il se force à sourire, caresse le petit front.

En mai il ne sourit plus. *Quelques mois, six, au mieux.* Il ne peut pas regagner l'appartement, répéter à Nathalie les paroles du médecin ; affronter le corps de Béatrice endormie. Il roule autour de la ville, entend le portable sonner à côté de lui sur le siège passager. L'envie de fuir ne lui vient plus, à quoi bon ? C'est en décembre qu'il aurait dû partir.

À minuit il décroche. Nathalie pleure. Il pourrait confesser qu'il lui a épargné d'autres larmes depuis l'hiver, ce serait inutilement cruel. À la place il prononce les mots d'un autre : *quelques mois. Six, au mieux.* Et l'adjectif, aussi, que jusque-là il associait à la vigueur d'un animal. Au passage d'une lumière dans le ciel. *Fulgurant.*

La lune est pleine. Elle l'était le soir de leur première fois en Italie. Ils avaient levé les yeux au même moment, prononcé la même phrase banale. Cette nuit quand il se résoudra à rentrer ils ne feront pas l'amour. Il roule encore un peu, pas trop longtemps parce que désormais Nathalie sait.

Il ouvre la porte sans bruit, s'allonge à même le sol dans l'entrée, incapable d'aller plus loin. Nathalie le rejoint, s'allonge contre lui, caresse ses tempes jusqu'à ce que plus rien d'autre n'existe que le mouvement de sa paume. Aucune pensée, aucune promesse d'avenir sans lui, aucun tremblement du corps. Contre toute attente, il bande. Ils font l'amour sans un mot. Ils savent que c'est la dernière fois.

Le souvenir du corps de Nathalie à ses côtés est si présent qu'il peine à comprendre pourquoi ses doigts ne caressent que l'herbe sèche de la clairière. Il ouvre les yeux. Béatrice n'est plus sur lui. Il la cherche dans la cabane : elle n'y est pas non plus. Il essaie de crier, aucun son ne sort de sa gorge. Un père dont la fille a disparu – à égalité avec Nathalie.

Existe-t-il d'autres animaux que celui qui fouine dans le sac plastique, des bêtes plus inquiétantes qui auraient pu s'en prendre à un bébé ? L'emporter sans qu'il ne se rende compte de rien ? A-t-elle pu traverser la clairière ? Se volatiliser dans les bois ? Il imagine les avis de recherche, le ballet des hélicoptères au-dessus de la clairière, les médias braqués sur la cabane. Le tumulte du monde rameuté par sa faute autour de leur refuge.

Les serres d'une buse sur le dos de Béatrice, leurs pointes plantées dans l'arc tendre des côtes. Il n'ose pas lever les yeux vers le ciel, de peur qu'une ombre ou un nuage ne prenne l'apparence de sa fille envolée.

Un craquement. Derrière la baraque. Il fait le tour en s'appuyant aux planches, s'écorche les mains. Derrière la baraque, il y a Béatrice. Le tas de couches usagées à côté d'elle qui altère la pureté du décor. Elle joue avec une branche de bois, la porte à sa bouche. Elle lève sur lui des yeux où il invente des reproches, reprend son jeu comme si elle l'ignorait volontairement. Il se laisse glisser au sol. Béatrice rampe jusqu'à lui. Il lui semble qu'elle dit *papa*, ou c'est encore une hallucination de son cerveau sevré de morphine depuis la veille. Il lui dit de faire attention à ne pas se crever les yeux avec l'extrémité de la branche.

Ça n'aurait servi à rien qu'il remonte dans l'appartement, le 22 décembre. Qu'il ait vécu en père jusqu'à l'annonce de la maladie. Il aimerait tout à coup que Nathalie le comprenne. À rien qu'ajouter des scènes tragiques au triste scénario qu'était devenue leur existence, par sa faute. Par sa seule faute. Pourtant le souvenir de cette dernière fois qu'ils auraient partagée après le verdict l'oppresse, comme si elle manquait à leur histoire.

Le soir, il murmure à Béatrice l'histoire d'un père qui emmène sa fille dans une cabane au milieu des bois pour qu'elle y entende la caresse du vent à travers les feuilles. Un père qui veut sauver quelques moments avant de disparaître. Béatrice l'écoute. Il parvient presque à se convaincre, à trouver leur situation féerique, à ne pas s'effondrer quand il lui demande pardon pour sa disparition prochaine. Il s'interrompt. Elle agite les bras comme si elle en voulait encore. Elle ne lui aura connu aucun défaut.

À la quatrième version du récit, elle s'endort. Malgré la fatigue et la fièvre il se contraint à ajouter quelques mots à la lettre. Il emporte les feuillets vierges dans la voiture, s'installe sur le siège passager – la chaise en bois est trop dure pour ses muscles diminués. Quand il allume la lampe intérieure, des insectes se pressent aux vitres. L'habitacle a emmagasiné un peu de la chaleur du jour. C'est incohérent, la lumière d'une voiture au milieu d'une forêt. Ça risque d'attirer des animaux hostiles. Des gendarmes à la recherche d'un père qui a enlevé sa fille. Des rapaces nocturnes auxquels on a dérobé leur plus belle proie.

Je t'écris depuis le siège de ma voiture, tu dors à quelques mètres de moi dans la cabane. Comme si nous avions chacun notre propre espace, la forêt pour palais.

Je tiendrai autant que je pourrai. Je n'ai pas eu à lutter pour grand-chose jusqu'ici, tout m'a été donné plutôt facilement : ce temps avec toi, je l'étirerai autant qu'il me sera permis de le faire.

Ce soir tu as eu du mal à t'endormir. Je t'ai raconté l'histoire d'un père qui voulait faire connaître la forêt à sa fille.

Je me suis interrompu après cette phrase : j'ai levé les yeux sur la nuit, à travers le pare-brise. Sous mes yeux : une féerie. Des insectes qui battent aux vitres. La lune dans le ciel. L'aplat moins sombre de la clairière, comme un lac. Plus loin, un horizon d'arbres noirs.

J'aurai connu ça avec toi.

SEPTIÈME JOUR

Il s'éveille dans la voiture. La ceinture lui broie le torse, il ne se souvient pas l'avoir attachée. Il n'aspire plus à rien, pas même à survivre. Pourtant il survit.

Il pourrait être reclus dans une chambre médicalisée, bras reliés à des machines qui décompteraient ses dernières secondes ; main crispée sur le mécanisme qui amènerait quelqu'un quand la peur serait trop forte, n'importe qui, un médecin, une aide-soignante. Un visage inconnu. Aucun de ceux qu'il attendrait. Pas Béatrice.

Béatrice est à quelques mètres de lui. Il peut la voir s'il le souhaite. Entendre son souffle. Ça ne tient qu'à lui. Ses doigts cherchent à tâtons l'attache de la ceinture. Il s'y reprend à trois fois pour libérer le mécanisme, la boucle en remontant cogne contre son poignet. Il attend, hébété, que les douleurs refluent pour s'offrir l'illusion d'un répit. Ses yeux s'habituent à la nuit, à la fièvre, repèrent les mouvements des insectes autour de la voiture. Un rayon de lune se répercute dans le rétroviseur. Quand il ouvre la porte une bête s'engouffre, qui ressemble à un papillon. Il entend l'animal se heurter aux parois de l'habitacle, des chocs secs. Il se protège le visage. La terreur d'un contact contre ses joues ou dans sa bouche surpasse toutes celles qu'il a connues. Il hurle. C'est pire, comme si la béance de sa bouche et le bruit ne pouvaient qu'attirer l'insecte, le plaquer à son palais, les ailes encore vibrantes. Le fantasme est si précis qu'il vomit. Une bile aigre qui lui déchire l'œsophage. Aucune bête ne se risquerait dans sa gorge.

Le besoin de voir Béatrice l'emporte sur les défaillances du corps. Il abandonne l'habitacle au lépidoptère qu'il entend se cogner aux vitres avec une obstination mécanique. La nuit est plus sombre que les précédentes, des prémices d'orages alourdissent l'atmosphère. Il palpe l'intérieur du couffin pour percevoir le corps de sa fille que l'obscurité lui dissimule. Il la dérange, elle grogne, se retourne comme si elle le reniait. Il sort, seul, inutile, souillé de ses propres vomissures. Il se laisse couler au sol. Il aurait dû emporter un coussin, ou s'exiler dans la voiture. Les deux solutions nécessitent trop d'efforts. Il rampe pour mettre quelques mètres entre la baraque et lui, entre Béatrice et son père qui l'indiffère. La rosée lui procure des frissons, puis il s'habitue. L'envie lui vient de revoir les étoiles, avant de crever ; sa rancœur se dilue. Il retrouve le souvenir d'un été italien à guetter les Perséides depuis le môle, avec son père qui tendait l'index vers le ciel. Il faut tenir jusqu'au lendemain, espérer une nuit limpide. Vingt-quatre heures, ça lui paraît tout à coup possible. Un espoir si modeste rapporté à l'éternité des météores en orbite.

Trente-trois ans. Allongé sur l'herbe d'une clairière, les yeux ouverts sur la nuit. S'il n'était pas en train de crever, une liberté absolue.

Le corps allongé du père. Le cercueil si près qu'en deux pas il pourrait le toucher, déranger l'ordonnancement languide de la cérémonie. Ses amis sont au café. Les corps bougent, la mousse des bières déborde sur le bois des tables. La fille qu'il s'était promis d'aborder est là. Elle sourit au serveur, à un type qui entre dans le bar. Elle ne remarque pas son absence.

Il fait le compte des images qu'il lui reste de son père : un index tendu vers trois planches fixées dans un arbre puis vers le ciel des Marches ; une silhouette à contre-jour dans le salon, comme déjà effacée, au moment de l'annonce du divorce ; l'inconnu parlant haut en Italie, métamorphosé par l'abandon des postures imposées et l'usage de sa langue maternelle, si différent de celui qui se donnait à connaître comme père en France.

Ils auraient pu se rapprocher après la séparation – il ne se souvient pas s'il l'a souhaité. Ils n'ont passé qu'une seule soirée en tête à tête, trois semaines avant l'accident, dans un restaurant chic. Un échec. Des mots banals sur la saveur des plats ou l'ambiance de la ville où il étudiait. Une tentative manquée de connivence autour des filles de la fac. *Ça te dirait qu'on retourne en*

Italie ? Il n'a acquiescé que par politesse, la perspective de l'Adriatique seul avec son père le rebutait, altérait jusqu'aux souvenirs des étés précédents. *Tu viendras me voir dans l'appartement ?* L'appartement, c'était l'endroit où il ne pouvait pas entrer sans trahir sa mère, le territoire de l'ennemi. Il a baissé les yeux. La fin du repas s'est déroulée dans le même sentiment d'ennui que la cérémonie funéraire. La chorégraphie des officiants lui rappelle les mouvements silencieux du personnel dans l'auberge étoilée choisie par son père pour leur premier repas depuis la séparation.

Il a pensé que ce n'était pas grave. Qu'ils auraient le temps après la disparition de la mère. Peut-être même qu'ils retourneraient en Italie. Il regardait sa montre. Chaque minute le rongeait. Il en voulait à son père des mots qu'il ne prononçait pas. Il s'en voulait d'avoir accepté l'invitation.

Il ne se retourne pas. Il devine le visage que sa mère se compose, au fond de l'église, pour montrer ce qu'il lui en coûte d'être là. Il a bataillé pour la convaincre d'assister aux funérailles, pour la première fois il a imposé quelque chose qui avait à voir avec le fonctionnement de leur famille tel qu'il la concevait. Quand il la raccompagnera dans l'appartement qu'elle occupe seule depuis la vente de la maison, il pourrait l'interroger sur leur rencontre, sur le temps d'avant lui. Il ne le fera pas.

Il se demande ce qui chez elle l'emporte, de la satisfaction d'avoir survécu au père, ou du regret de le laisser bientôt complètement orphelin – cette question, moins qu'aucune autre, il ne la formulera pas. De la famille qu'ils ont formée ne subsiste qu'un cadavre dans son cercueil, une veuve en sursis, un fils imperméable à la tristesse. Il espère qu'à ses propres obsèques le bilan sera plus reluisant.

Couché au milieu de la clairière, il ne dort pas. Des bestioles s'enhardissent sur sa peau, ses bras, ses mollets. Il en sent qui marchent sur ses lèvres : il les accepte, au contraire de l'insecte dans la voiture. C'est lui qui est l'intrus dans leur univers. Il entend voler des oiseaux, même s'il ne les distingue pas. Des chouettes, peut-être, leurs ailes déployées et leur vision nocturne qui le détectent au sol, s'étonnent de sa présence. Elles pourraient fondre sur lui, plonger leurs serres et leurs becs sous sa peau. Elles le dévoreraient, ou repartiraient en huant, horrifiées par cet avant-goût de mort.

Il ne connaît rien au comportement des chouettes. Les heures passées dans la cabane construite par son père ne lui ont rien appris. Il quitte ce monde ignorant de tant de choses. C'est ça qu'il devrait léguer à Béatrice : la nécessité d'être curieuse et attentive, tant qu'il est encore temps. Il espère un regain d'énergie qui lui permettra de la conduire jusqu'à la forêt, de lui faire caresser les écorces des arbres, lever les yeux vers les rayons de soleil diffractés par les troncs.

Regarde ! On dirait une cathédrale. Ses lèvres remuent. Il s'exerce pour Béatrice, murmure ses brouillons aux animaux de la nuit. *Tu veux que je te raconte le vol invisible des chouettes ? La manière dont elles fondent sur leurs proies ?* Pourquoi pas d'autres jours, encore ? Plus nombreux. Trois. Cinq. Une semaine. Le temps de devenir pleinement père. Son cœur bat plus vite au fur et à mesure que l'inéluctable recule. Le sursis promis accélère la circulation de son sang, le régénère. Puis il tousse. Collés au sol, ses os saillants démentent les ambitions absurdes, les fantasmes de survie. À quoi bon rêver d'un sursis ? Une autre nuit, ce sera déjà bien.

Des froissements d'ailes saluent son retour à la raison, imperceptibles traces sonores dans l'opaque de la nuit. Demain il couchera Béatrice à ses côtés pour lui montrer les étoiles. Il est certain qu'il y en aura.

Il assiste à l'aube. C'est long. Ça lui brûle les yeux. Depuis l'orée du bois le soleil rampe vers lui, dévore l'herbe sur son passage. Il est seul au milieu de la clairière, aucune bête à présent, juste la forme incohérente de la voiture sous son camouflage approximatif, à quelques mètres, et la masse bancale de la cabane.

Il a chaud, malgré l'humidité sous son dos et à l'arrière des cuisses. Il éternue. Puis rit. Ce serait tellement absurde de s'enrhumer à moins d'une semaine de sa mort. Il ne se croyait plus capable de ça : rire seul.

Il couvre ses yeux de feuilles. Leurs nervures lui irritent les paupières. Elles filtrent les rayons du soleil, des taches rouges, brunes et vertes valsent au fond de sa rétine. C'est aussi fascinant que quand il était enfant, aussi mystérieux. De ça aussi il faudrait parler à Béatrice, dans la lettre. Décrire cette féerie de couleurs pour qu'elle soit fière de lui, comme d'un père artiste.

– Tu veux revoir la maison ?

Il s'immobilise devant l'armoire grande ouverte, incertain d'avoir compris la question. Le silence se dépose sur les vêtements qu'il n'a pas encore osé toucher. La tête lui tourne, il ne pensait pas se souvenir aussi bien de l'odeur, qu'elle le perturberait à ce point. Sa main avance jusqu'à une chemise, en caresse la manche vide. *La maison. On pourrait y passer en sortant d'ici, non ?*

Sa mère l'attend dans le salon, pressée de l'arracher à cet appartement où son mari s'est installé après leur séparation, où elle vient d'entrer pour la première et dernière fois. Il referme l'armoire. Il n'emporte aucun vêtement ; il n'est pas resté plus de dix minutes. *Tu n'as rien pris ?* Elle effectue un imperceptible mouvement vers la chambre comme si elle envisageait d'aller voir, en dépit de ce que ça aurait d'obscène. Il s'imagine lui barrer le chemin, saisir son bras et la pousser en dehors de l'appartement. Elle renonce d'elle-même, se dirige vers le palier.

– Tu ne m'as pas répondu, pour la maison.

– Je n'ai pas envie.

Elle hausse les épaules, comme si pas plus que son père il n'était capable de se montrer à la hauteur. Il est frappé par la maigreur de son visage, le teint cireux de sa peau. L'imminence de l'échéance où il sera complètement orphelin le cingle.

– Il n'a rien laissé pour toi ?

– Qu'est-ce que tu imagines qu'il aurait pu me laisser ? Une lettre ?

Elle sourit. Ses traits se relâchent. Pendant quelques secondes son visage paraît ressembler à celui qu'elle avait quand elle le regardait enchaîner les descentes en luge dans le parc. Elle lève la main comme pour la poser sur son épaule. Le geste demeure en suspens. *On y va ?* Dans la voiture ils n'échangent pas un mot. Il se demande ce qu'il aurait pu espérer d'une lettre de son père.

Il se gare devant l'appartement que sa mère loue depuis qu'il est parti étudier dans la ville voisine. *Tu es sûr que tu ne veux pas entrer ?* Ses doigts se crispent malgré lui sur le volant. Il répète qu'il a de la route, un partiel le lendemain. Il s'en veut de l'intonation qu'a prise sa voix. Il aurait dû accepter de revoir la maison avec elle, ne pas faire passer son besoin de solitude avant cette occasion de commémorer les temps heureux. *Ça va aller ? Tu sais... avec ton père on a eu de bons moments, au début.* Parce qu'il a trop tourné la tête pour l'au-revoir, les lèvres sèches de sa mère lui effleurent l'oreille. Il frissonne. Il attend qu'elle se soit extirpée de la voiture pour répondre. Il appuie sur l'accélérateur. *Ça va aller.* Il ne saurait pas dire si elle l'a entendu. Si la réponse lui importait. Si sa propre réponse traduit ce qu'il ressent.

Il entend cogner. Des chocs sourds, contre le sol, comme les sabots d'un cheval. Il ne bouge pas. Il ne retire pas les feuilles de ses yeux.

Comme les pas d'un cheval, lents et de plus en plus proches. Il y a une plénitude à ne pas regarder, à ne pas se défendre, à se laisser piétiner. À ne pas savoir. Ce ne peut pas être un cheval, les chevaux ne se promènent pas en liberté dans les forêts. Un sanglier ? Un cerf ? Ne faudrait-il pas, plutôt que s'abandonner, défendre Béatrice ? La sauver des cornes ou des bois qui pourraient l'attaquer, des mâchoires ou des sabots qui la mettent en danger ? Il décide qu'il n'arrivera rien à sa fille.

Un souffle, sur son cou. La terreur le paralyse. Pourtant il va crever, ça devrait au moins l'avoir guéri des peurs irrationnelles. Une illusion ? Le souffle, il ne l'a pas inventé. L'air tiède sur son cou, le bruit d'une expiration. Tant qu'il ne regarde pas, il est protégé. Et Béatrice ? Si c'est une bête, il ne peut pas la laisser seule. Une autre terreur, pire que la précédente. Un cheval, monté par un homme. Un gendarme, un promeneur, un rôdeur. Ça, la présence d'un autre homme dans la clairière, il ne le supporte pas. Il secoue la tête pour faire tomber les feuilles. Soulève ses paupières.

D'abord, à cause du soleil, il ne perçoit qu'un mouvement. Un déplacement indescriptible au-dessus de lui, une oscillation de cauchemar d'enfant. Et un souffle, encore un, un souffle d'enfer qui se rétracte. Un cheval. Pas d'homme au-dessus. Juste un cheval, une bête atrocement maigre, aux côtes pas moins saillantes que les siennes. Des croûtes sur l'encolure. La peau, la chair qui tremble. Aucune ressemblance avec les flancs des animaux qu'il aimait caresser dans les prés à travers les barrières. Une bête qui crève, comme lui.

Ça ne peut pas être vrai. Il n'y a pas de chevaux dans les bois.

Il s'agenouille, le cheval recule. Ses pattes tremblent si fort qu'il semble sur le point de s'effondrer à chaque mouvement. Lui se met debout tout aussi pitoyablement. Son état semble rassurer l'animal, qui ne bouge plus. Ils se regardent. *Viens.* Il tend la main. *Viens.* Il trouve le ton adéquat, comme un savoir ancien. *Viens.* Pourtant il n'a aucune envie de toucher l'animal. Son état l'emplit de dégoût, d'une crainte déplacée de contagion. *Viens.* Le cheval n'avance pas. Ses tremblements s'apaisent.

Attends.

Il entre dans la baraque, réveille Béatrice. Elle pleure. Elle n'aime pas qu'on interrompe ses nuits. *Je vais te présenter quelqu'un.* Elle secoue la tête, la plonge contre l'épaule de son père. Il est fier que sa peau soit encore chaude de soleil, que la tiédeur au creux de son cou imite celle des bien-portants. Qu'elle supplante la froideur de la mort. *Tu veux voir qui est dehors ?* Sa voix est douce, elle sonne juste comme quand il a parlé à l'animal. Il se sent plus père qu'il ne l'a jamais été. *On a de la visite.* Comme une famille normale. Il emmène sa fille vers la clairière. Lentement. Le contraste entre la luminosité de l'extérieur et l'obscurité de la baraque pourrait la déstabiliser. Il ne veut pas qu'elle effraie le cheval, ou qu'elle ait peur de lui.

La clairière est déserte.

– Tu ne veux pas revoir ta maison ?

Le panneau de l'autoroute indique le nom de sa ville natale au-dessus d'une flèche orientée vers la droite. Nathalie ralentit pour lui laisser le temps de donner une réponse. Peut-être que si elle enclenchait le clignotant il répondrait positivement. Il dit non. Nathalie accélère, déporte la voiture sur la file de gauche pour doubler un camion dont la remorque vient masquer la bretelle de sortie. Sa réponse a été trop sèche. *Je t'ai fait partager mon hôtel italien, c'étaient des souvenirs plus heureux.* Elle pose une main sur son bras, le caresse doucement. Il ferme les yeux.

À présent l'autoroute contourne la colline qui abrite le cimetière où ses parents sont enterrés sous la même pierre. À l'hôpital il n'a pas osé aborder le sujet de la *dernière demeure où* sa mère souhaitait être ensevelie, ni réfléchir à une autre solution quand il s'est trouvé devant le salarié des pompes funèbres. Ses parents étaient morts avant que leur divorce n'ait été prononcé. Il y avait eu les *bons moments* évoqués le soir des funérailles du père, qu'il avait choisi *a posteriori* d'interpréter comme des dernières volontés. Il a pensé que ça simplifierait les visites de la Toussaint, mais il ne fait le déplacement que les deux premières années.

Il se demande si ce qu'il partage avec Nathalie se réduira un jour à de *bons moments* dont un enfant peinera à croire qu'ils ont pu exister. Il aurait dû répondre *oui*, lui montrer sa maison natale, le parc. Ils se seraient faufilés sous les barbelés, ils auraient fait l'amour adossés à l'arbre dans lequel son père lui avait édifié une cabane. Après il aurait ressuscité pour Nathalie tous les *bons moments* dont il se souvenait avec le disparu. Ils auraient cherché les restes de planches parmi les feuilles, des stigmates de clous dans les branches. Ils seraient allés au cimetière, se seraient juré que leur présent ne deviendrait jamais une expression vide de sens qu'un enfant écouterait avec incrédulité.

Ça va aller, lui demande Nathalie ? Il laisse passer de longues minutes avant de répondre, savoure le plaisir de prononcer enfin une réponse exempte de doute : *Ça va aller*.

Béatrice joue. Il retourne à la voiture, indique d'une croix leur emplacement approximatif sur la carte routière qu'il déchire pour qu'elle atteigne la taille des feuillets. Sur le calepin, il griffonne quelques mots sur l'histoire du cheval venu le saluer pendant la nuit. C'est tellement mieux que des recommandations sur la curiosité et la contemplation des aubes. Il ne veut pas laisser le souvenir d'un père qui pontifie. Un père poète, ce serait mieux. Capable de transmettre des mots magiques à sa fille, et des cartes au trésor.

Ça aurait été tellement mieux avec un croquis du cheval, une esquisse de la clairière. L'horizon des arbres aussi parfait qu'un tableau de maître. Des traits experts tracés d'une main de père. Il aurait représenté l'animal plein de vie, avec assez de talent pour faire jaillir de l'image tous ses fantasmes liés à la nature. Les attentes qui l'ont conduit ici n'auraient pas eu besoin d'explications, pas plus sa désertion de décembre.

Il ne sait pas dessiner. Tant pis. Juste des mots.

Quand il a fini, il revient à Béatrice, à son présent, au temps qu'il leur reste. C'est la première fois qu'il lui écrit alors qu'elle ne dort pas. Maintenant il détaille son corps de bébé, les promesses qu'il contient. Pour la première fois il lui imagine un avenir.

Un avenir dans lequel elle aura accès à la lettre.

C'est juste avant de quitter l'appartement, en juillet. Par réflexe il tend la main vers la commode de l'entrée, où il avait l'habitude de poser ses clefs. Ses doigts butent sur une forme inconnue, l'auscultent dans l'obscurité. Un cheval en plastique. Son premier contact avec un objet qui rend concrète l'existence de Béatrice, endormie derrière la porte close. Il doit partir. Chaque seconde supplémentaire dans l'appartement accroît le risque que Nathalie se réveille.

Il fait trop sombre dans l'entrée. Il emporte le jouet dans la cuisine, le soumet à la clarté de la lune. La robe est blanche, la crinière rose. Il pourrait renoncer à son projet. Ne pas revenir la semaine suivante, se contenter du cheval. L'emporter avec lui à l'hôpital, réintégrer sa chambre, le poser sur la table de chevet. Personne ne lui reprocherait sa fugue. Il caresserait le fuchsia de la crinière jusqu'à ce que la vie se retire de lui ; demanderait à Angélique de renvoyer le jouet à l'adresse de Nathalie, après sa mort.

Nous avons reçu de la visite cette nuit.

Un cheval. Sans crinière rose. À la crinière abîmée.

Je t'ai parlé de lui pour t'endormir, tu m'as écoutée avec des yeux captivés. J'ai déposé des biscuits au milieu de la clairière, avec l'espoir que ça le fera revenir.

S'il revient, je te parlerai mieux de lui.

HUITIÈME JOUR

Tu veux aller dans la forêt ?

Il sait qu'il ne sera pas capable de traverser la clairière. Il pourrait emmener Béatrice derrière la cabane, juste quelques pas et ils seraient pareillement au milieu des arbres. Mais ce qu'il veut c'est *traverser*.

Une expédition. C'est l'heure la plus chaude, celle où les douleurs atteignent leur paroxysme. Ils partent pourtant, père et fille à l'assaut de la lisière. Les premiers pas sont aisés. Il parle pour tromper la fatigue. Pour n'être que cette voix de père qui conduit sa fille au bois. *L'herbe, comme ça, au milieu d'une forêt : ça s'appelle une clairière.* Ils progressent. Les arbres ne se rapprochent pas. Le poids de Béatrice sur son bras lui déchire l'épaule. *Là, en face, c'est la lisière. C'est de là que guettent les loups quand ils repèrent une proie. Tu crois qu'il y a des loups, ici ?* Il n'a pas les réponses aux questions qu'il pose. Il aurait été un mauvais père face à la curiosité de sa fille. Impossible de changer le bras qui la porte, son poignet gauche ne le supporterait pas.

Il trébuche. Elle s'accroche à son cou, s'y suspend comme si elle voulait s'alléger. C'est pire pour la nuque, mais il y a le contact des paumes de Béatrice, la marque chaude de son corps contre sa poitrine, le souffle de sa respiration qui câline son oreille.

Enfin ils atteignent l'orée. Il dépose Béatrice au pied du premier arbre venu, s'écroule à côté d'elle. *Boum, papa.* Béatrice bat des mains, applaudit la drôlerie de son père. Il voudrait qu'elle s'éloigne, qu'elle s'amuse seule, qu'elle le laisse reprendre vie. Sa jeunesse, son enthousiasme, son avenir le fatiguent. Il les jalouse. Une salive blanchâtre s'écoule de sa bouche, qu'il n'a pas même la force d'essuyer.

On sera bien, là. Il frissonne, prend Nathalie dans ses bras autant pour la remercier des mots qu'elle vient de prononcer que pour se réchauffer. Le type de l'agence immobilière pourrait les surprendre à travers la porte-fenêtre, il s'en moque. Il embrasse le cou de Nathalie, glisse ses mains sous le pull.

Tu es fou ! Elle se contorsionne pour se dégager de ses bras, le rire qu'elle a dément son geste. *On aura le temps.* Il desserre son étreinte, recule d'un pas. Comme toujours, elle a raison. Ils auront le temps. Le temps pour des petits déjeuners sur le balcon étroit, le temps de se lasser de la vue sur le boulevard et l'horizon barré d'immeubles. C'est lui qui a posé comme exigence que l'appartement ait un balcon et une baignoire, pour le reste il se rangerait aux choix de Nathalie. Le balcon constituait une preuve de liberté. D'où vient alors qu'il s'y sente tout à coup oppressé ? La dérobade de Nathalie ? Le panorama des années à venir qui ne ressemble ni au parc de son enfance ni aux plages de l'Adriatique ?

Regarde ! Ils nous souhaitent la bienvenue. Dans l'immeuble d'en face des guirlandes viennent de s'embraser, qui colonisent un balcon, les contours d'une fenêtre. Quelques flocons en suspens devant les réverbères complètent la scène. Nathalie se retourne vers lui. Ses yeux pétillent. Pourquoi peine-t-il tout à coup à répondre à son enthousiasme ?

Promets-moi qu'on ne deviendra jamais un couple qui met des guirlandes sur son balcon ! Elle rit. Approche ses lèvres des siennes. Les angoisses s'estompent, la tentation de la mauvaise humeur reflue.

Je te le promets.

L'ombre de l'arbre auquel il s'était adossé s'est retirée. Le soleil qui brûlait ses pieds, ses jambes, devient intolérable quand il atteint le ventre, le visage.

Béatrice ? Il ne sait pas depuis combien de minutes elle a disparu de son champ de vision. Il entend crisser des branches derrière un arbre, mais pas la voix de sa fille. Il se met debout, gémit quand il prend appui sur le poignet, pourtant : il est debout.

C'est elle, assise dans la mousse, jouant avec une branche. C'est sa fille et il se tient face à elle, empli d'une énergie improbable. *Viens, on entre dans la forêt.* À nouveau il s'invente une voix de conteur. Pour avancer il courbe les épaules, soulève les genoux à l'excès, comme un flamant rose ou un chat dans une flaque. Il a envie de la voir rire, d'être un père amusant. *Chut*, articule-t-il chaque fois que son pied se pose au sol. Elle le suit à quatre pattes. *Chhhh*, répète-t-elle en l'imitant.

Pose ta main sur l'écorce de l'arbre. Elle lui obéit, ou l'imite. Il invente une mythologie des écorces : les lisses sont des jeunes femmes parées pour le bal, les rugueuses des matrones chargées de les surveiller. Celles dévorées par le lierre des adolescents aux veines saillantes qui courtisent les premières. Celle-ci, toute blanche, un vieillard sans cheveux. Celle-là, recouverte de mousse, la barbe du roi, le père de la plus convoitée des filles. Les arbres tiennent leur rôle. Menuets, révérences, crinolines. Ne manque que la musique.

C'est encore plus joli la nuit, quand les animaux s'invitent. Les cerfs courtisent les biches, les écureuils deviennent des pages, les lapins assurent le service en livrée. Les yeux de Béatrice brillent, comme si elle comprenait. Comme si la forêt s'animait pour eux seuls. Elle s'approche de chaque arbre qu'il lui désigne, en câline longuement l'écorce, avec un sérieux qui lui fait monter les larmes aux yeux.

Tu crois qu'il est dans la forêt, notre visiteur de la nuit ? Il en vient à l'espérer. Il traque les flancs rachitiques de l'animal derrière les troncs. C'est peut-être l'envie de le revoir qui lui a donné tant d'énergie. De s'assurer qu'il existe. Qu'il n'est pas sénile. *Tu le vois ?* Béatrice écarquille les yeux pour faire comme lui. Un instant, son visage devient celui de Nathalie. La même expression exactement.

La ressemblance le terrasse. C'était l'instant le plus précieux, le premier qui justifiait l'enlèvement. Il en est évincé. Nathalie s'est vengée, elle s'immisce dans la scène.

Il n'aura réussi que ça avec sa fille : un sous-bois d'août, quelques phrases poétiques. Pas de complicités dans les collines, sur les plages de l'Adriatique, au cœur battant d'une fête foraine. Juste ça, dont elle ne se souviendra pas. Jamais de feuilles mortes sous leurs pas, de neige, de fleurs annonciatrices du printemps. Pas de conflits d'adolescence. Juste la mousse, un écœurant mélange de végétaux en décomposition et de sa transpiration aigre.

Les odeurs tout à coup lui éclatent au visage, provoquent un haut-le-cœur. Sa main se crispe, une remontée de bile lui déchire l'œsophage. Toutes les douleurs reviennent d'un coup, et la fatigue. Il aurait dû emporter les cachets de morphine pour être capable d'effectuer le retour à la cabane.

La magie des arbres s'est éteinte. Les troncs font obstacle, les branches saturées de feuilles oppressent. Plus rien de beau. De la matière qui pourrit et qui pue. Sous la mousse des vers, des fourmis, des insectes dangereux pour les genoux de Béatrice, ses paumes fragiles. Et toutes les espèces insoupçonnables, leurs menaces potentielles.

Pauvre type avec ses récits de princesses, ses séducteurs aux veines de lierre. Pas capable de parcourir le chemin à rebours. Ils ne sortiront pas du bois. Des gens meurent dans les forêts, en France, il l'a lu dans les journaux. Pas besoin d'affronter celles des autres continents, les démesurées, les tant vantées par les aventuriers.

C'est juste moins spectaculaire.

On joue ? On joue au père mourant qui ne peut plus marcher ? Il s'en veut de ses pensées morbides, de la rage que malgré lui il déverse sur sa fille. Il a eu ces éruptions de colère envers Nathalie, avant décembre. Celles qu'il aurait fallu tourner contre soi.

On joue ? On joue à ramper pour traverser la clairière ? Ça amuse Béatrice. Elle gazouille pendant qu'il agonise. Elle se réjouit d'être plus rapide, revient sur ses pas pour l'encourager, pareille à Angélique lui proposant son bras. Il s'effondre, plusieurs fois. Des ronces griffent sa peau, le ralentissent. Elles ne freinent pas Béatrice.

Le babillage de sa fille l'épuise ; il s'oblige à ne pas sombrer.

Quand ils atteignent la cabane le soleil est sur le point de disparaître. Il faudrait soulever Béatrice, la changer, la déposer dans son couffin. Lui donner son biberon. Il n'en a pas la force. Il a confiance en la cabane pour faire office d'ange gardien. Pour protéger sa fille le temps qu'il reprenne quelques forces.

NEUVIÈME JOUR

Il ne s'est pas allongé sur la clairière pour traquer les étoiles. Tout intérêt pour leur présence dans le ciel l'a déserté. Il est resté couché sur les coussins dans la cabane, jusqu'à l'aube d'un jour nouveau – un de plus avec sa fille. Il se traîne jusqu'à la porte. Le cheval n'est pas revenu.

À son tour Béatrice se réveille. Un temps dilaté s'installe dans la baraque pendant qu'elle joue et qu'il la regarde. Le soleil est trop violent pour qu'ils s'aventurent à l'extérieur. Le souvenir de la balade de la veille trop humiliant.

Papa ? Ce sont peut-être deux syllabes au hasard, pas vraiment *papa*. Il s'agenouille à côté de Béatrice, fait rouler sur la poussière le lapin en bois. Il se prend au jeu. Quand l'animal se renverse, il crie *boum* en gonflant les joues. Poursuit Béatrice à quatre pattes. *Papa ?* Elle paraît sérieuse tout à coup, douée d'un savoir d'adulte. Dans l'attente d'une explication.

Je suis malade. Très malade. Bientôt, je partirai dans la forêt. Le cheval d'hier viendra me chercher. Je monterai sur son dos et il m'emmènera loin. Loin de toi. Il ne pourra pas faire demi-tour. Il avancera tout droit. À chaque pas qu'il fera, je te murmurerai des câlins. Je les glisserai sous les écorces de tous les arbres qu'on croisera sur notre chemin. Si tu veux récupérer mes baisers, quand tu seras grande, tu pourras comme hier caresser les troncs. Tu me comprends ? Je te l'écrirai peut-être, dans la lettre. Mais tu peux aussi te le rappeler toute seule. Tu crois que tu le pourrais ?

Il lui semble qu'elle le comprend.

C'est pour ça que je guette le cheval. Pour être sûr qu'il sera là quand il faudra partir.

Il se met à trembler. Il enlace Béatrice pour qu'elle ne voie pas son visage.

Tu viendras avec moi ?

Depuis janvier tous les jours se ressemblent. Il a réduit ses sorties dans la zone commerciale. La même chaîne d'information en continu éclaire les murs de la chambre, emplit la pièce de voix désincarnées. Il a baissé les volets, mis fin à l'alternance du jour et de la nuit. Il a fait provision de sandwichs dans un distributeur automatique, qu'il entasse dans le frigidaire. L'employée d'étage de l'hôtel ne le dérange qu'une fois par semaine, il attend dans le couloir qu'elle ait fini de changer les draps, d'aspirer les miettes. Au début elle a tenté d'engager la conversation, maintenant elle se contente de le saluer quand elle arrive et quand elle repart. Elle a accepté qu'il laisse la porte entrouverte pendant qu'elle travaille, pour qu'il continue à entendre le murmure de la télévision.

Il n'a pas renoncé à devenir père. Il attend que l'envie vienne. L'épuisement le protège des réflexions qu'il y aurait à produire pour envisager la manière dont il devra se justifier auprès de Nathalie.

On frappe à sa porte. C'est le jour du ménage. Il se lève, ses jambes se dérobent, il tombe. Son front cogne la table de chevet.

Vous saignez? Il apprécie qu'elle pose ce diagnostic comme un simple constat. Il voudrait le lui dire, mais il se tait, s'adosse au même endroit du mur. La femme de ménage s'approche de lui, elle a passé sous l'eau quatre feuilles de papier toilette qu'elle lui tend. *Ça n'a pas l'air de bien cicatriser. Et vous tremblez beaucoup. Vous devriez voir un médecin.* Il incline la tête en forme d'acquiescement, surtout pour qu'elle se taise, qu'elle retourne dans la chambre en finir au plus vite.

Quand elle passe devant lui, elle dit : *l'hôpital est juste en face, ... À peine deux cents mètres.* Son doigt indique une direction à travers le mur blanc du couloir. Il rentre dans la chambre. À nouveau ses jambes l'abandonnent : comme il l'a anticipé, il ne tombe qu'à genoux. À son front la mince écorchure continue de saigner.

Peut-être parce qu'elle a dit *à peine deux cents mètres*, il suit le conseil de l'employée d'étage. Se dirige vers le service d'urgences.

Tu veux qu'on aille voir s'il est revenu ? Il parvient à soulever Béatrice, à la maintenir contre sa poitrine pour traverser la baraque. À la porte, la virulence du soleil leur fait cligner des yeux. Elle le voit la première. Tend le bras dans sa direction :

Bam ! Il doit attendre quelques secondes pour que la forme floue se stabilise. Pour admettre que le cheval est bien là, hideux à force d'être efflanqué, les naseaux agités par une respiration d'agonisant. Quelques secondes de plus pour se résoudre à cette apparition, au présage qu'elle représente après le récit qu'il vient d'inventer pour Béatrice.

Bam ! Elle désigne le cheval avec un enthousiasme démesuré. *Bam !* Elle se dégage des bras de son père, trotte à quatre pattes vers l'animal. Le cri d'avertissement qu'il voudrait pousser ne franchit pas sa gorge. Il n'a pas l'énergie de la rattraper, elle est déjà à quelques centimètres des sabots. Elle s'immobilise, minuscule à côté du cheval qu'elle vient de baptiser. C'est un miracle s'il tient encore sur ses pattes. Quelle sottise d'avoir cru qu'il serait capable de ruer !

Bam ! Bam, papa, Bam, papa !

Le cheval penche sa tête vers Béatrice. Son geste s'apparente plus à un effondrement, une rupture du cou dont la maigreur est plus terrible encore que celle du reste du corps. Sa nuque pourrait se briser, le crâne en tombant écraserait Béatrice.

Elle tend la main. Au prix d'un effort démesuré pour quêter une caresse, ou juste par un absurde instinct de bête, l'animal s'incline jusqu'à sa paume. Elle le touche enfin, sa peau de bébé sur le pelage miteux du cheval mourant. Peut-être qu'elle le voit comme la monture de légende que son père lui a décrite. Son cerveau d'enfant n'enregistre ni les croûtes, ni les râles, ni les yeux déjà vitreux. *Je vais lui chercher un biscuit.* Il espère qu'à son retour la bête aura disparu. Son absence lui laisserait l'espoir d'avoir rêvé la scène.

Il y a une seconde où le doute est possible, la poussière du soleil, le vert trop vert de l'herbe, la silhouette de Béatrice seule dans la clairière. Pourtant le cheval est bien là. Tête dressée pour attester qu'il ne disparaîtra pas sans avoir accompli sa mission.

Tu veux qu'il nous emmène ?

Il tend le biscuit avec précaution, pour ne pas effrayer l'animal. Puisque leurs destins sont liés, autant l'apprivoiser. S'en faire un allié. La peau remue au-dessus des pattes avant, ondule sous les battements du sang. Le poil est rêche comme le tissu d'un tapis usagé. D'un geste maladroit, Bam fait tomber le biscuit au sol. Les efforts qu'il produit pour demeurer sur ses pattes donnent envie d'abréger ses souffrances.

Boum. Bam ! Papa, boum ! Bam ! Béatrice est aux anges. Elle hurle, bat des mains, entame une ronde autour du cheval et de son père. Il ramasse le gâteau avec peine, le glisse sous les dents jaunâtres de l'animal. *Tu vas y arriver, mon vieux.* Il mastique dans le vide pour susciter un mimétisme, attester son empathie, sa solidarité. *Allez, mon vieux, allez. Mange !* L'énergie de Béatrice autour d'eux, un crève-cœur.

Sous le mur est de la baraque une zone d'ombre s'est créée. Il s'y installe. Béatrice, comme si elle avait compris qu'il lui faut s'inventer une autonomie, rapporte son jouet de l'intérieur. Le cheval s'agenouille, s'effondre sur le flanc. Il songe au couteau avec lequel il pourrait mettre fin à leur double agonie.

Béatrice joue avec le lapin en bois. Elle le promène du cheval à son père, de son père au cheval. Répète à l'infini des *Bam !* et des *Papa !* L'ombre s'avance jusqu'à leur visiteur. La nuit advient. Il ne ressent plus de douleurs. Juste l'envie que cette scène de Béatrice jouant ne s'interrompe jamais.

D'abord on montera sur le dos du cheval. D'un bond. Ses jambes seront puissantes, les muscles durs comme l'acier, souples malgré tout. Capables du plus long des voyages, d'une résistance à toute épreuve. On partira de nuit, par l'endroit où je t'ai emmenée hier après-midi. La lisière, tu te souviens ? Au fur et à mesure qu'on avancera, le soleil sera de plus en plus brillant, de plus en plus haut dans le ciel. La forêt sera éclaboussée de lumière. On atteindra une autre forêt, plus loin que toutes nos imaginations réunies. Les oiseaux nous offriront un concert extraordinaire. Leurs chants vibreront parmi la matière étincelante des feuilles, des troncs, des branches. Ceux dont les migrations passent au-dessus de nos têtes s'arrêteront pour nous admirer, les autres dévieront leur itinéraire pour nous accompagner. Le ciel sera empli de plumes multicolores et d'éclats de lumière.

Après notre forêt, puis l'autre forêt encore, on traversera une ville déserte, de verre et d'eau, avec des bâtiments plus hauts que ce qui peut se concevoir, des places entières pavées de diamants sur lesquels les sabots du cheval coulisseront sans un bruit. Plus loin encore, il y aura des champs aux couleurs de l'été éternel.

Ce ne sera pas la fin du voyage. Ce voyage ne finira jamais. Il y aura encore des mers, leurs ondulations émeraude et magnétiques. Le cheval s'y enfoncera, ses pattes auront des battements souples qui nous propulseront dans l'eau. On ne verra émerger que sa tête et nos torses, qui fileront comme des catamarans jusqu'à ce qu'on atteigne l'horizon, qu'on poursuive notre voyage dans des pays dont il n'est pas possible de parler.

Alors, le cheval sortira de la mer, au ralenti, centimètre par centimètre. Sa peau sera luisante, elle séchera très vite au contact de l'air. Il aura avec les pattes des balancements très lents, qui lui permettront de voler. On s'agrippera à son encolure pour ne pas tomber. D'un regard, on englobera tout le trajet parcouru, les forêts et la ville de verre, les champs, la mer. On n'aura pas le regret de ne pas s'être baignés, on n'aura plus de regrets. D'autres océans plus vastes nous attendront. Dans les airs, dépassant les oiseaux, les rapaces aux ailes démesurées, on se cambrera pour affronter le soleil, on plongera nos yeux dedans et on gagnera ce duel.

On sera ensemble pour l'éternité.

Béatrice s'est endormie dans ses bras. À regret il cesse de parler. Le cheval est toujours là, couché au centre de la clairière. Il respire avec peine. S'il mourait cette nuit ? Que faire alors de son corps ? Comment dissimuler à Béatrice l'horreur de ce cadavre à leur réveil ?

L'animal le regarde de ses yeux ronds, comme s'il lisait dans ses pensées. La lumière rougeoyante d'avant le basculement du soleil apporte à la clairière la même magie que celle dont il a peuplé son récit fantastique ; l'herbe a une couleur de cuivre. La peau du cheval luit comme celle d'un champion d'hippodrome après la victoire.

Il ferme les yeux, revoit les côtes de l'Adriatique, le soir aux mêmes heures du crépuscule. Ce spectacle qui le rendait heureux, les dégradés de la mer et le sable rafraîchi sous ses pieds. Les rochers irisés des teintes mauves et orangées.

Sous ses paupières encore quelques palpitations du passé. Des images qu'il n'emportera nulle part. Mais qu'il peut partager avec Béatrice. Un étirement de la bouche, presque un sourire. Il lui semble entendre battre la mer.

L'odeur du sable, en Italie, quand le soleil était au zénith ; qu'il fallait quitter la plage pour rejoindre l'hôtel... Je n'ai rien connu qui m'ait fait me sentir aussi vivant. Chaque beauté qui m'a saisi, chaque amour que j'ai vécu, chaque joie que j'ai ressentie ont été amplifiés par mon rapport à ce coin d'Adriatique.

L'Italie qu'on n'a pas partagée, je la regrette. Je pleure notre connivence manquée autour des trois syllabes qui composaient le nom de mon hôtel. J'aurais voulu voir la lumière dans tes yeux quand on les aurait prononcées devant toi ; te savoir, en juin, abasourdie d'impatience et d'enthousiasme à l'idée de l'imminence du départ.

Depuis que j'écris ces lignes je ne sens plus l'empoigne de la mort. Le souvenir des jours heureux en Italie tient en respect les douleurs.

Tu pleures, Béatrice, je t'entends à côté de moi dans la cabane. Tu pleures et je dois m'interrompre.

J'abrège ce paragraphe pour aller vers toi, vers toi vivante dans ton couffin au milieu de la forêt.

Pardonne-moi, Béatrice, d'interrompre cette lettre, la seule où je t'offre l'image d'un père pas encore abîmé par le renoncement.

Tes cris redoublent. Tu ne comprends pas pourquoi je n'accours pas. Les tendresses qui nous restent sont comptées. Je viens à toi. Je te souhaite de trouver un endroit qui te rende aussi heureuse que mon coin d'Adriatique.

DIXIÈME JOUR

Ils sont arrivés à l'heure la plus sombre de la nuit. Il devine leurs torches, taches mouvantes dans la forêt qui forcent la clairière, bafouent sa tranquillité de père, détruisent sa quête de paix. Il voit leurs ombres se détacher de la lisière, s'avancer jusqu'à la baraque. Leurs murmures lui font horreur, les précautions qu'ils prennent pour les surprendre, les mêmes que pour des criminels. Un mourant et une enfant ! À quelle opposition s'attendent-ils ?

Ils remarquent le cheval, s'attroupent autour de lui.

Il est mort ! Ils rient. Cognent le cadavre du pied. Ils pensent que c'est lui qui l'a tué, ils savent qu'il a un couteau. Ils redoublent de prudence. Leur nombre ne leur fait pas honte, ils ont leur conscience avec eux.

Maintenant ils sont tout près. Ils ne l'ont pas encore vu, son corps se confond avec la paroi de la baraque. Ils entrent. Leurs semelles cognent sur la terre battue.

Elle est là !

Ils ont envisagé qu'il aurait pu s'en prendre à elle.

Et lui ? Il faut le trouver aussi.

Ils prennent leur temps. Quelque chose dans leur puissance les excite. Est-il encore capable de ramper jusqu'au cheval, de se hisser sur son dos ? L'animal se redresserait d'un bond. Ses sabots claqueraient sous la lune, ils disparaîtraient sous leurs yeux enragés, sans Béatrice, tant pis, silhouettes noctulescentes bientôt amalgamées à l'obscurité de la forêt.

Il doit les affronter. C'est ce qu'on attend d'un père. Il avance jusqu'au seuil, s'offre à leurs coups. Il leur concède tout, la victoire et les jours qu'il lui reste. Béatrice et sa vie. Il ne fuit plus.

Quand ils le voient, la clameur de leurs cris le fige sur place. Elle masque les pleurs de Béatrice.

Béatrice : ils n'ont pas réussi à l'emporter hors de la clairière. Leurs mains cherchent à le ralentir, se collent à ses bras, à ses jambes, à son visage. Leurs mains le neutralisent par leur nombre. Aucun ne frappe, aucun n'ose un geste définitif.

Ils l'étouffent en silence. La mort la plus atroce.

Le cheval est toujours en vie. Il perçoit sa respiration épuisée, ses pupilles épouvantées. Ont-ils fait le même cauchemar au même moment ? Rêvé d'envol et réalisé que ça ne leur arriverait pas ?

Il rampe jusqu'à l'animal. Pose la main sur son flanc. S'il osait, il s'allongerait contre lui.

Il ose. Le cheval émet un râle sans colère, comme s'il se résolvait à cette promiscuité. Ils vont dormir ensemble quelques minutes. Additionner le faible solde de leurs forces. Les plantes de la clairière pousseront pendant leurs deux sommeils, les enseveliront. Béatrice à son réveil découvrira un monticule de racines et de fleurs sous lequel elle saura les deviner.

Plus tard elle rendra visite au tumulus. Elle aura pardonné.

Peut-être qu'elle y emmènera ses enfants.

Deux lignes en italien sur son téléphone. L'hôtel est vendu, Massimo l'a mené à la faillite. C'est un des garçons avec lesquels il se réunissait autour du banc de pierre qui l'informe, le seul avec lequel il est resté en contact.

Sur internet il cherche le nom de la fille qui l'obnubilait au collège. Elle est devenue avocate, dans une ville voisine. Il s'y rend, il ne fournit pas d'excuses pour quitter son travail. Pendant tout le trajet il espère que ce ne sera pas elle ; il tomberait amoureux de l'homonyme, prendrait une revanche sur les espoirs déçus de l'adolescence.

Il entre dans la salle d'audiences. La reconnaît immédiatement au grain de sa peau. Il l'écoute plaider toute l'après-midi, entre excitation et déception. S'il ferme les yeux, le son de sa voix ne lui évoque rien. Pas plus que les traits de son visage quand elle prend le public à témoin. Seule sa peau, la manière dont elle palpite à la naissance du cou, parvient à ramener par bribes des éclats du passé.

Il la suit, sans se faire remarquer. C'est la fin de l'hiver. Les lumières s'éteignent dans les commerces, la bruine rend les dalles de la voie piétonne instables. L'avocate entre dans un immeuble bourgeois. Peu après une pièce s'éclaire au troisième étage, derrière un balcon abondamment garni de plantes enveloppées dans des protections en plastique.

Il trouve son nom sur l'interphone. Un voisin sort, il se glisse dans le hall. Il hésite. Il pourrait monter. Finalement il rentre chez lui, par le dernier train.

Il s'éveille en sursaut, paralysé comme s'il était réellement prisonnier de racines et de plantes. Il agite faiblement les jambes, assez pour effrayer le cheval qui émet un hennissement pitoyable. Une protestation d'agonisant, les pattes secouées de spasmes.

Il roule sur le côté pour éviter les mouvements désordonnés de l'animal. Il voudrait l'aider, se faire pardonner la peur qu'il a causée. Il se met à parler. À parler comme il l'a fait la veille pour Béatrice. Il raconte leur voyage à venir, le contact caressant des sabots sur les pavés d'une ville en verre, leurs envols hors des mers, la lumière vers laquelle ils caracoleront. Il ne dit plus que Béatrice les accompagnera.

Les yeux hagards de l'animal l'observent, comme plus tôt ceux de sa fille. Ils sont la seule chose qu'il parvient à distinguer sous la clarté de la lune. Ils expriment la même stupéfaction que les siens à l'idée de la fin imminente, alors qu'il serait si doux de grappiller encore un peu d'existence, encore des mots murmurés, encore quelques galops jusqu'aux levers des jours ; de croire aux contes qu'il invente.

Il ne supporte plus l'obscurité, la masse obscène du cheval dans la clairière, le silence de la cabane où dort Béatrice. Il se dirige vers le coffre de la voiture, en retire l'ordinateur. Il s'installe sur le siège conducteur, ouvre l'écran jusqu'à ce qu'il vienne buter contre le volant. Il clique sur le dossier *Béatrice*. Six icônes apparaissent, alignées par ordre chronologique entre septembre et décembre. Elles n'ont pas été renommées. Il anticipe l'absurdité que ce serait de les ouvrir, de les visionner dans la forêt. C'est déjà stupéfiant que les films lui soient encore accessibles par une seule impulsion de l'index.

Il clique sur celle d'octobre. La fenêtre s'ouvre dans l'angle supérieur gauche de l'écran, machinalement il l'agrandit pour qu'elle occupe tout l'espace. La vidéo dure vingt-sept secondes, elle se réinitialise automatiquement. Maintenant et répétitivement dans la forêt, sous l'espace clos de l'habitacle, le corps enceint de Nathalie descend le perron de leur immeuble, s'immobilise avant le portillon, se retourne. Nathalie sourit, revient vers l'objectif. Il y a un frémissement sur ses lèvres, comme si elle cherchait ses mots, puis son dos à nouveau qui s'éloigne en direction des marches de l'escalier. Elle porte la robe qu'il lui a achetée à l'annonce de la grossesse. À son épaule un sac en cuir balance contre sa hanche.

Ses yeux se brouillent, peut-être s'endort-il par à-coups. Il fixe la silhouette de Nathalie s'éloignant revenant entrouvrant la bouche s'éloignant revenant entrouvrant la bouche. L'icône témoin du niveau d'autonomie égrène son compte à rebours : 32 minutes… 20 minutes… 7 minutes…

Quand le message d'alerte s'affiche sur l'écran, il supplie à voix basse que lui soit accordé un sursis. Du doigt, il effleure la silhouette pixelisée de Nathalie, retire vivement l'index quand elle se retourne.

Il se produit un halo de lumière autour de l'écran. Il y a dans l'habitacle le son caractéristique d'une respiration qui s'éteint, puis plus rien.

Il essaie de réveiller Béatrice en toussant, en frappant dans ses mains, sans succès. Le cheval a disparu, il a rejoint la forêt où il erre en attendant de crever. Il imagine ses pupilles dilatées, sa démarche hésitante entre les troncs, la chute, les flancs qui se soulèvent, la gueule qui s'ouvre en vain. Les écorces et les ronces qui lui meurtrissent la peau.

Il pourrait le rejoindre. Haleter jusqu'aux arbres, se laisser engloutir par la forêt. C'est évident. C'est là qu'il faut qu'il aille. Comme ça qu'il convient d'en finir.

T'avouer au moins pourquoi je me suis enfui, en décembre. Tenter de le comprendre moi-même.

Deux mois avant ta naissance j'ai croisé l'homme qui avait racheté la maison familiale, après le décès de ma mère. Il m'a appris qu'il n'y avait plus ni parc, ni bosquet. Même le manoir duquel je n'avais jamais eu l'autorisation de m'approcher avait été rasé. La propriété avait été scindée en lots, rentabilisée par la construction d'immeubles. Qui vieillissaient mal, a-t-il ajouté. Les occupants étaient en procès contre les promoteurs.

Tu m'objecteras que ce n'est pas grand-chose, la disparition d'un parc, de quelques arbres, au regard d'un enfant à naître. Tu auras raison. Peut-être que les vraies causes sont à chercher ailleurs ; que mon destin était tracé malgré les parenthèses italiennes, les émois des collines, quelques succès mineurs dans mon activité professionnelle, la rencontre avec ta mère.

Quand nous nous sommes connus, j'ai longtemps pensé qu'elle serait celle qui me sauverait. J'ai eu tort. Ou pas assez de courage pour la préférer au drame constitué par la disparition des lieux où j'avais cru le bonheur possible.

J'ai baissé les bras, même si tout a continué pendant quelques années : mon activité professionnelle ; notre couple ; ta venue. J'ai manqué d'<u>énergie vitale</u> – je souligne l'expression, elle n'est pas de moi. C'est un médecin qui l'a prononcée après m'avoir annoncé que j'étais condamné.

Quand ta mère m'a annoncé qu'elle était enceinte, j'ai tenté de prendre appui sur les souvenirs heureux de mon enfance. Je me suis projeté te faisant découvrir l'Italie ; te construisant une cabane dans les arbres ; t'emmenant, à dix ans, dans cette forêt d'où je t'écris et que m'avait fait découvrir mon grand-père ; te regardant, adolescente, regarder les garçons.

Le 22 décembre, quand je me suis levé, il y avait un message de Massimo sur mon téléphone. C'était une vidéo de la démolition de l'hôtel. Elle ne durait pas plus de dix secondes. Elle montrait un engin dont le bras frappait par trois fois le mur à l'aplomb du court de tennis, le lézardait. La partie antérieure était déjà effondrée, mais mon cerveau a refusé d'enregistrer l'image.

Pas de texte d'accompagnement. Juste un émoticône en pleurs, et un point d'exclamation.

Ta mère m'a demandé de l'accompagner acheter des croissants, je l'ai suivie. Elle a proposé qu'on embauche une femme de ménage et j'ai refusé. Je ne pouvais pas m'enlever de la tête les images de l'hôtel attaqué par les engins de démolition, les murs qui se lézardaient avant de s'effondrer, les lames des bulldozers qui continuaient à frapper.

Tu penses que ce ne sont que des lieux ; que ceux qui acceptent de devenir père ne doivent pas se laisser abattre par la perte d'un lieu.

Je suis d'accord avec toi.

J'avais filmé ta mère devant l'hôtel. Étrangement je lui en ai voulu que ça n'ait pas suffi à empêcher la destruction. Que les images existent dans mon ordinateur, mais plus le bâtiment.

Qu'elle existe, elle, et plus le bâtiment.

L'après-midi j'ai pris ma voiture et roulé jusqu'à la ville où travaillait la fille dont j'avais été amoureux au collège – celle au grain de peau qui donnait l'impression qu'elle avait toujours la chair de poule, dont je t'ai parlé plus haut dans cette lettre. Quelques années plus tôt, j'avais retrouvé sa trace – elle était devenue avocate. Ce 22 décembre, elle n'était pas au palais de justice. Son nom ne figurait plus sur l'interphone de l'immeuble où je l'avais suivie, mais étrangement je me souvenais de l'emplacement où je l'avais repéré, désormais vide. J'ai appuyé sur le bouton. Il s'est produit un grésillement, j'ai expliqué qui je venais voir.

Il y a eu un silence. Puis une voix m'a expliqué que la propriétaire était décédée. Celui qui parlait a précisé qu'il était chargé de débarrasser l'appartement de ce dont les proches n'avaient pas voulu, avant la mise en vente. Il a ajouté que j'avais eu de la chance de tomber sur quelqu'un, m'a demandé si je voulais monter. J'ai hésité, puis refusé.

Je suis rentré auprès de ta mère, nous avons évoqué ta naissance imminente. Elle n'est pas revenue sur son souhait d'embaucher une femme de ménage. J'ai donné le change jusqu'à ce qu'elle se couche.

À minuit, je me suis enfui.

Bam ?

Bam est parti. Il est allé repérer le chemin que nous ferons ensemble, bientôt. Le long voyage dans les endroits magnifiques, tu te souviens ? Peut-être qu'il reviendra tout à l'heure nous raconter ce qu'il a vu. Les teintes d'or de la forêt, la ville de verre, la mer, l'embrasement du soleil. Peut-être qu'il reviendra plus tard. Ce qui est certain, c'est qu'il reviendra. Je partirai avec lui. Ça ne changera rien à ce que je t'ai promis. Je continuerai à te chuchoter des tendresses, et je le cacherai pour toi derrières les écorces de tous les arbres. Tu n'oublieras pas, Béatrice, d'aller parler aux arbres quand je ne serai plus là ?

Parce que voilà : j'ai décidé de ne pas t'emmener avec nous.

Un hennissement. *Bam* est revenu. Béatrice l'a entendu, elle bat des mains. *Bam, Bam !* Elle rampe vers la porte, s'immobilise sur le seuil. *Bam* n'est pas seul. Un vieillard se tient à ses côtés, une main posée sur l'encolure, l'autre appuyée sur un bâton. Les yeux de l'homme restent fixés sur Béatrice. La vacuité de son visage est sidérante.

Il n'aurait pas dû emmener sa fille dans cet environnement dont les lois lui échappent. Il n'a pas la force de se battre, ni celle de se rendre à l'intérieur pour prendre l'opinel. Lentement le vieillard lève la tête. Son regard le traverse comme s'il était déjà mort.

Béatrice se précipite contre les jambes de son père, y enroule ses bras ; sa terreur est réelle, elle valide l'existence du vieillard.

La confiance de sa fille l'émeut. Il aimerait lui demander pardon de ne la protéger de rien. Il pose la main sur sa tête, la caresse machinalement. Il ne peut rien faire de mieux.

Le vieillard s'immobilise à un mètre d'eux. Il sent la sueur et la pisse, la même humidité que celle des sous-bois. Il ne prononce aucun mot, se hausse sur la pointe des pieds pour observer l'intérieur de la baraque par-delà le maigre obstacle du mourant. Il grommelle quelques onomatopées, repart.

Tout le temps que dure la confrontation, malgré la proximité de l'homme, l'étrangeté de la scène, les cris de sa fille, il n'éprouve aucune peur.

En passant à côté de Bam, le vieux lui donne quelques tapes sur le cou. L'animal tourne la tête pour le suivre du regard. C'est très long, le temps que l'ancien met pour traverser la clairière, disparaître entre les arbres. La pesanteur qu'il a quand il s'appuie sur son bâton, comme si à chaque pas il le plantait dans le sol, peinait à l'en extraire.

Il ne se dit pas que l'homme pourrait les dénoncer. Alerter les gendarmes. Il ne pense à rien.

ONZIÈME JOUR

Béatrice et lui dans la cabane. Bam allongé au centre de la clairière, dans l'axe de la porte. Ils peuvent l'apercevoir de n'importe quel point du refuge, comme s'il voulait les assurer de sa présence. Béatrice jette régulièrement un œil dans sa direction. Il la regarde jouer. La prend sur ses genoux pour lui donner le biberon.

Il regarde vers la porte : Bam est toujours là. Brusquement, de l'énergie afflue. Il attend que son rythme cardiaque se stabilise pour récupérer son matériel d'écriture dans la voiture ; s'installe du mieux qu'il peut sur le sol. Un coussin replié fait office de sous-main.

Lorsque j'ai rencontré ta mère, je l'ai prise pour un fantôme. L'hôtel où je logeais, à Rome, était en forme de U : depuis l'aile où je me trouvais on devinait les clients dans les chambres d'en face, quand les lumières étaient allumées et que les rideaux n'étaient pas relevés.

J'avais bu. J'ai aperçu une silhouette enroulée dans un drap qui paraissait glisser dans la pièce. Quand la buée s'est estompée j'ai réalisé que ce n'était pas un fantôme, mais une femme en peignoir ; elle l'a retiré juste avant de disparaître dans la salle de bain. La lumière s'est éteinte.

Il m'a semblé la reconnaître le lendemain matin dans la salle du petit-déjeuner – plusieurs fois par la suite j'ai pensé que ça n'était pas la même personne, que notre relation avait été basée sur une méprise, je n'ai jamais osé l'évoquer avec elle. Elle a accepté que je m'assoie à sa table, m'a demandé si j'étais seul à Rome, ce que j'y faisais.

Tout est venu d'une traite, alors que je m'étais promis de ne m'épancher auprès de personne. L'hôtel où j'avais passé tous les étés de mon enfance qui venait d'être déclaré en faillite, et promis à la destruction ; le bouleversement que cette disparition produisait sur moi ; le choix de Rome pour des vacances de dernière minute, parce que ça me laissait la possibilité d'un aller-retour commémoratif vers les Marches.

« Je ne connais pas les Marches ».

Je me suis imaginé qu'il y avait du défi dans sa voix – elle ne l'a jamais complètement nié quand nous en avons reparlé. Je lui ai proposé de m'accompagner. Elle devait terminer une mission professionnelle, était disponible le week-end. Pourquoi pas les Marches ?

Elle a su tout ce qu'il y avait à savoir de moi le premier jour de notre rencontre. Je ne lui ai rien dissimulé de mon peu de capacité à vivre une vie d'adulte. J'ai pensé qu'elle me sauverait.

Peu après notre retour en France nous nous sommes installés dans l'appartement où tu as vécu jusqu'à ce que je t'en arrache. La première année que nous y avons passée a été la plus belle de mon existence – la phrase est banale, Béatrice, je m'en excuse, je n'en trouve pas d'autre. Puis j'ai senti que je recommençais à me recroqueviller. Je l'ai senti physiquement : c'était comme si je ne parvenais plus à demeurer debout face à ta mère, comme si mon crâne en sa présence s'alourdissait jusqu'à me faire ployer la tête, dévier mon regard du sien. Je lui ai fait subir mes réticences à fréquenter ses amis, les conséquences financières de mon désinvestissement professionnel, mes mutismes de plus en plus prolongés.

Un jour elle m'a annoncé qu'elle était enceinte. Elle n'a rien ajouté, comme s'il allait de soi qu'elle envisageait de garder l'enfant d'un homme tel que moi. Qu'elle s'en réjouissait.

J'ai tenté de me comporter en futur père. J'ai mobilisé mes souvenirs d'enfance qui méritaient que la vie soit transmise. Je me suis fait violence pour me redresser. Je pense être parvenu à donner le change – jusqu'à presque me convaincre moi-même. Jusqu'au 22 décembre.

Comme chaque année, les mains de Béatrice tremblent sur les feuillets. Du salon lui parviennent les échos assourdis de la soirée à laquelle elle a convié des amis pour son trente-troisième anniversaire. L'homme qui partage sa vie frappe à la porte de la chambre.

Qu'est-ce que tu fais ? Elle dissimule la lettre derrière son dos. L'homme a un peu bu, il ne remarque rien. Il s'approche, essaie de l'enlacer. Elle le repousse doucement.

J'arrive. Elle attend qu'il ait refermé la porte pour fixer à nouveau les deux mots à la graphie tremblée sur la première page. *À Béatrice.* Trois étoiles malhabiles dans l'angle supérieur droit.

Cette nuit, elle lira les autres pages. Ou elle remettra encore à l'année d'après.

DOUZIÈME JOUR

À travers le pare-brise, le soleil d'août explose. Des formes vertes et violettes virevoltent, des boules lumineuses qui se déplacent et composent par à-coups des images trop fugaces pour être mémorisées, des visages qui sont peut-être des souvenirs, des projections de celles et ceux qu'il n'aura pas connus. Celui de Béatrice adulte.

Il a quitté ce monde, déjà. Il voltige avec les gerbes floues qui mystifient ses pupilles. Il s'éteint, comme s'amenuisent les flashs qui rajeunissent son esprit, balaient les douleurs. Il s'éteint dans ces incandescences vertes et violettes, il n'y a rien de plus doux.

C'est aussi exaltant que les attentes de l'adolescence sur les plages italiennes.

Les mêmes leurres colorés.

Béatrice lui sourit. Il la sort de son couffin. Elle est lourde. Pendant qu'il lui prépare son biberon, elle s'approche de la porte. *Bam ?*

Jaloux. Jaloux d'un cheval.

Même seule avec son père au fond de la forêt, elle trouve quelqu'un pour la distraire de lui.

J'avais le couteau avec moi. Ce n'était pas dans l'intention de m'en servir. Le soir où je suis venu repérer les lieux, il m'avait manqué. Il était dans le vide-poche de la voiture, je l'ai pris avec moi. Il pouvait servir à me défendre. Les forces m'étaient comptées.

Je ne suis pas convaincant. Je ne cherche pas à l'être. J'avais le couteau avec moi. Je n'avais pas prévu de m'en servir. Cela, je te le jure.

Tout s'est passé comme la première fois. La voiture garée à la même place; la clef dans la serrure qui n'avait pas été changée, l'ascenseur, le couloir jusqu'à la porte de l'appartement. L'autre clef. Le silence et l'obscurité dans les pièces.

Je suis allé directement à ta chambre. Je t'ai soulevée dans mes bras, tu ne t'es pas réveillée. Au contraire tu as appuyé ta tête sur mon épaule, ton corps s'est relâché contre le mien. J'ai attendu quelques secondes, immobile au-dessus du berceau. Mon cœur battait si fort que je ne me sentais pas capable de marcher. J'ai caressé ton dos avec le revers du pouce, de la main qui enserrait le couteau.

J'ai réalisé que c'était une erreur de t'enlever. De te faire connaître la cabane. T'avoir tenue contre moi suffisait. Il fallait maintenant te reposer dans ton berceau, disparaître de l'appartement une seconde et ultime fois. Ces minutes entre nous, l'unique caresse de mon pouce sur ton dos, personne n'en aurait rien su. On t'aurait dit plus tard que ton père t'avait abandonnée sans t'avoir jamais vue, et tu aurais eu la certitude qu'on te mentait.

Je t'ai reposée dans le berceau. Il m'a semblé que tu rechignais, que ta main endormie s'opposait au mouvement de mon bras.

J'éprouvais un sentiment de plénitude comme jamais auparavant. Je suis sorti de la chambre, sans penser que c'était mon *dernier regard* vers toi.

Derrière la porte, il y avait ta mère.

Une goutte, sur sa main. D'autres, sur le visage. Il ouvre les yeux, la lune a disparu. Dans l'air, l'agitation qui précède les orages. Il espère que le toit sera suffisamment étanche pour protéger le sommeil de Béatrice.

Ça non plus il ne l'a pas anticipé : la possibilité d'un orage.

Les gouttes s'accumulent sur lui, autour de lui, de plus en plus lourdes, de plus en plus nombreuses. Un éclair. La lisière des arbres révélée d'un coup, d'or et d'argent, pareille à son récit. Des rafales d'eau le détrempent, amollissent le sol autour de lui. Il n'a pas de vêtements de rechange, aucun moyen de se sécher.

L'orage passe. Il grelotte. S'abandonne. Ça se passera comme ça, la mort, dans quelques minutes ou dans deux jours. Un glissement.

Un début de paix malgré la fièvre. Pourtant quelque chose résiste encore.

Plus tard il ouvre les yeux, aperçoit l'aube. Ça lui donne l'énergie d'une révolte minuscule. Une envie de vivre, encore un peu. Il se met debout dans la clairière. Les vêtements collent à sa peau, incroyablement lourds et froids. Il rentre dans la cabane. Le toit a résisté. Béatrice est au sec.

Il s'allonge à côté d'elle.

D'abord il lui demande de prendre la pause devant l'hôtel. Il vient de s'essuyer les yeux, mais quelque chose le dérange encore dans ce qu'il perçoit à travers l'objectif, la grille baissée, le panneau *À vendre* accroché au balcon, peut-être la plage vide dans son dos, débarrassée des parasols. Ou le silence de la *Riviera* en cette fin d'automne. L'angoisse qui lui étreint le ventre augmente, menace de le submerger une nouvelle fois.

Ça ne va pas, murmure-t-il pour lui-même.

Nathalie attend. Elle se tient devant l'hôtel où il a emmagasiné ses plus beaux souvenirs, elle n'a aucune possibilité de deviner ce qui s'est joué pour lui à cet endroit, à tous les stades de l'enfance et aux premiers temps de l'adolescence, jusqu'au divorce de ses parents. Elle l'a vu pleurer, elle n'a tenté aucun geste pour le consoler.

Tu la prends cette photo ? Je ne suis pas assez belle pour ton hôtel ? Quelque chose dans l'attitude qu'elle a s'oppose à la réplique qu'il s'apprêtait à lui faire. Depuis leur rencontre trois jours plus tôt elle n'a cessé de contrecarrer ses pulsions destructrices, sans qu'il comprenne comment elle s'y prenait.

Je ne veux pas d'un souvenir figé. Je vais plutôt te filmer. Elle rit. *Mais qu'est-ce que je peux jouer devant un hôtel fermé et sur une côte déserte ?* Il déchire le ruban qui interdit l'accès aux escaliers de l'hôtel, le dissimule derrière le tronc d'un palmier. *Tu vas faire comme si tu étais une cliente qui arrive en début de saison. Comme si la grille de la porte n'était pas baissée. Tiens, prends mon sac, ça te fera un bagage. Tu arriveras par là, je te filmerai pendant que tu montes les marches.*

Elle se prête au jeu. Elle retire son pull, le dépose à côté du ruban derrière le palmier. Le vent de novembre hérisse ses avant-bras, ramène l'image de la fille qu'il a aimée au collège. Nathalie disparaît en direction du jardin et de la table en pierre. Il n'entend plus que sa voix provenant d'aussi loin que les souvenirs de l'enfance : *tu es prêt ? Tu me dis quand tu commences à filmer !*

Il recule de quelques pas pour saisir dans le viseur la totalité de l'hôtel, les palmiers du jardin dont la base est masquée par le contrefort de l'escalier. Il fixe l'image du bâtiment, prononce : *Action* dans le silence de la *Riviera*. Pendant quelques secondes le téléphone n'enregistre que la façade aux volets clos, l'imperceptible balancement du panneau *À vendre*, puis les cheveux de Nathalie se matérialisent derrière le mur, son visage, sa silhouette entière. L'apparition lui coupe le souffle.

Elle marche jusqu'à la porte close, avance la main comme si elle voulait la pousser malgré tout, s'enregistrer comme cliente à l'accueil. Elle se fige dans cette pose, puis se tourne vers lui. *Ça allait ?*

Il zoome sur elle. C'est comme s'il s'allégeait tout à coup, comme s'il effectuait lui-même une translation dans l'air jusqu'au visage de Nathalie, jusqu'a sa bouche saturée de pixels. L'hôtel n'importe plus. Seule compte la présence de cette femme capable de reprendre à son compte toutes les promesses du passé.

J'ai pensé que la lettre était finie. J'étais allé au bout de mes forces pour les dernières phrases. Je n'ai pas osé apposer ma signature.

Je sais que tu attends autre chose.

Il y a eu un orage cette nuit. Quelques gouttes, notre première pluie partagée.

Je suis installé à la table. Je ne me déroberai plus.

Un bruit de pas le réveille.

Il sait que c'est le vieux. Qu'il ne leur veut pas de mal. Pourtant la peur le paralyse. Il tourne la tête en direction de la porte. Distingue une forme qui s'éloigne.

Le vieux les menace. C'est une menace de traquer un mourant et un bébé, de se repaître de leur sommeil, de se tenir à distance et de s'enfuir sans un mot.

Il accomplit des efforts démesurés pour se précipiter à la porte. Peut-être qu'il y parvient, qu'il court réellement. Ou bien ses pas sont lents, il lui faut plusieurs minutes pour traverser la cabane.

Quand il arrive, il n'y a plus personne. Devant la porte, un panier. Du pain. Des yogourts. Une brique de lait. Une bouteille de vin rouge. Il n'avait pas pensé qu'il reboirait du vin. Que l'idée d'un ultime verre le bouleverserait à ce point.

TREIZIÈME JOUR

Le dernier jour. Il sent qu'il n'ira pas au-delà.

Béatrice joue. Elle jouera encore demain, comme il s'y est résolu. Elle dira *Papa ?* en regardant autour d'elle, attendant peut-être qu'un inconnu débarque dans sa chambre et l'emporte dans une forêt. Elle apprendra à ne plus utiliser ce mot. À ne plus attendre.

Lui attend le vieux. Il sait qu'il reviendra. Il lui confiera Béatrice. Lui montrera la lettre sur la table et le calepin où Nathalie consignait leurs souvenirs de vacances.

Quand ils seront partis, il ira dans la forêt.

J'ai voulu t'emmener avec moi.

C'est pour ça que je suis venu te chercher. Après t'avoir prise dans mes bras, j'ai renoncé. Je t'ai reposée dans ton berceau et j'ai quitté ta chambre. Je t'avais fait mes adieux.

Mais ta mère est apparue sur le seuil. Je n'ai pas pu faire autrement.

Quand j'écris que j'ai voulu t'emmener avec moi, je ne parle pas de la cabane, tu l'as compris. Je voulais t'épargner la perte des espoirs de l'enfance, la disparition des lieux qui les ont portés. Le poids d'un père enfui.

J'ai voulu t'emmener sans envisager que je le ferais réellement. Comme huit mois plus tôt j'avais mis en scène mon départ sans croire que je démarrerais la voiture.

Quand je t'ai prise contre moi tu t'es laissée aller contre mon épaule. Quelque chose dans ce geste m'a rappelé ta mère. Tu avais hérité ses aptitudes à l'abandon, à la confiance. La perte des espoirs de l'enfance, la disparition des lieux qui les avaient portés... ça n'avait rien à voir avec toi. C'est pour ça que je t'ai reposée dans ton berceau.

Plus tard il y a eu ton rire dans la cabane. Ton rire rauque. Ma mort n'a aucun droit sur l'interruption de ce rire.

Hier j'ai trouvé le moyen de te faire quitter la forêt. Tu emporteras avec toi cette lettre, et le calepin sur lequel ta mère a consigné nos souvenirs de voyages. Un plan, aussi, avec l'emplacement de notre cabane marqué d'une croix. Tu décideras lequel de ces documents t'en apprend le plus sur moi – si l'envie te vient d'en savoir un peu sur celui que j'ai été.

Je ne t'ai connue que douze jours. Aucune autre relation ne m'a procuré autant d'émotions. Je me suis trompé : j'ai cru que personne ne me sauverait, mais toi tu l'aurais pu.

Je n'ai pas tué ta mère, Béatrice.

Je ne sais pas si elle m'est apparue devant la porte de ta chambre.

Je ne sais pas ce que je lui ai dit, ou fait, pour qu'elle nous laisse partir.

Je tenais le couteau dans ma main.

Je ferme les yeux, je vois des images et je les sais impossibles.

Il y a du sang sur la lame. Dans la cabane je me suis tailladé la peau pour retirer une écharde. Ce sang est le mien, Béatrice.

Dans l'appartement quand il y avait une araignée je la capturais dans une boîte en plastique avant de la libérer sur le balcon. Je répugnais à écraser les moustiques. Je n'ai pas tué ta mère.

Elle ne m'est pas réellement apparue devant la porte. C'est son fantôme qui a surgi pour me donner l'impulsion de t'emmener, comme la vue de notre carnet de voyage m'avait poussé à enclencher le démarreur, en décembre.

Je ne t'ai faite orpheline que de père. Je conserve l'espoir que tu me pardonneras.

Tu lis cette lettre, et tu sais.

Tu lis cette lettre et je ne peux rien deviner de la personne que tu es devenue. Je te souhaite d'être aussi différente de moi qu'il est possible.

Papa.

Il se saisit d'une nouvelle page, la dernière. Il écrit le prénom de sa fille, au centre. Les lettres forment des taches sombres sous ses yeux, se chevauchent, l'étourdissent. Il aimerait se relire, tout relire, il n'en a plus la force.

Dans l'angle supérieur droit, il dessine quelques étoiles.

Il dépose la feuille sur les autres. Malgré les tremblements, il s'applique jusqu'à ce que les bords soient impeccablement alignés avec l'angle de la table.

Le vieux s'éloigne, emportant Béatrice et la lettre ; quelques pages dépositaires de souvenirs de voyages.

Chaque pas qu'il fait éloigne la vie de la cabane.

Béatrice ne s'est pas réveillée.

Tant de chose qu'il aurait fallu ajouter à la lettre. Il essaie de lever le bras pour que le vieux s'arrête. Qu'il fasse demi-tour. Qu'il lui ramène sa fille.

Il n'a eu le temps de rien. Son bras ne se lève pas. Il appelle. Aucun son.

C'est mieux comme ça.

Il est dans la clairière. Il ne sait plus s'il avance. S'il est déjà tombé. Si ce qu'il perçoit est encore ce que perçoivent les vivants.

ILS ONT COLLABORÉ À CE LIVRE :

PIERRE FOURNIAUD
DIRECTION ÉDITORIALE ET COORDINATION

ÉVELYNE GENY
RELECTURE

ALICE MARTIN
CORRECTION

BRUNO RINGEVAL
COMPOSITION

YVAN CARDONA
IMPRESSION

MARIE-ANNE LACOMA
SUIVI COMMERCIAL ET PROMOTIONNEL

FLORA MORICET
RELATIONS PRESSE

LES ÉQUIPES DU CDE ET DE LA SODIS
DIFFUSION ET DISTRIBUTION

AGENCE TRAMES
RELATIONS PRESSE ET CESSIONS DE DROITS

LES LIBRAIRES
COMMERCIALISATION ET PROMOTION

DÉPÔT LÉGAL : AVRIL 2024
IMPRIMÉ EN FRANCE
PAR CORLET
14110 CONDÉ-EN-NORMANDIE
N° D'IMPRIMEUR : 24020781